はじめに

　本書は、自治体が DX（デジタルトランスフォーメーション）に取り組む場合に不可欠な基本的視点を提供すると同時に、成功する DX の具体的な進め方についても解説するものです。DX はカイゼン DX と戦略的 DX の 2 種類に区分でき、両者を使い分けることが成功のカギになります。

　カイゼン DX は業務の効率化を目的とするもので、日本では多く見られるタイプの DX です。確かに人手不足の緩和やコスト削減などの効果は期待できるかもしれません。しかし、カイゼン DX だけでは今後予想されている劇的な環境変化に適応することは困難です。そこで、戦略的 DX の発想が必須となります。戦略的 DX の発想はバブル崩壊後の日本社会が長いこと見失ってきたものです。それは「構想」を生み出す具体的な手法といえます。市場と技術の大きな変化の本質を洞察し、デジタル技術の知見を活用して未来の姿をプロトタイピングしていく戦略的 DX は、自治体や企業が今後の激しい環境変化に適応していく強力な武器となるでしょう。

　とりわけ自治体内部で改革に苦心されている職員やこれから自治体で仕事をしたいと考える方々が DX の全体像と特性を理解すれば、自信を持って DX に取り組むことができるでしょう。
　さらに、自治体の取り組みを支えるベンダーにとっても、DX の効果的な進め方を理解することは有益です。本書が、こうした活動の一助になれば幸いです。

2021 年 11 月　宮里隆司

改革・改善のための戦略デザイン
自治体ＤＸ

改革・改善のための戦略デザイン

自治体
DX

業界標準の指南書

株式会社NX総合研究所
AI/DX戦略コンサルタント

宮里 隆司 著

Digital Transformation

秀和システム

3 章 導入事例、改善・成功事例

4 章　成功するプロジェクトの進め方

5章　DX の先の成長・戦略デザイン

memo

1 DXの概要と意義、必要性

DXはよく知られた言葉でありながら、多くの人がわかりにくいと感じています。その原因は元祖の定義があいまいすぎるからです。この章では、言葉ではなく実態からDXの真の姿を浮き彫りにしていきます。

DXがわかりにくいのは最初から あいまいな概念だから

DX の元祖であるストルターマン教授の定義があいまいすぎたため、多数の論者がそれぞれ独自の定義を提唱していることが DX をわかりにくくさせている原因

◇ DXを理解するカギは「定義」ではなく「実態」

DX *（デジタルトランスフォーメーション）について、まずウィキペディアがどう定義しているか見てみましょう。「**デジタルトランスフォーメーション**」の項目には「**IT の浸透が、人々の生活をあらゆる面でより良い方向に変化させる**」ことと書かれています。そして、その定義は「2004 年にスウェーデンのウメオ大学教授、エリック・ストルターマンが提唱した」と説明されています。つまり、ストルターマン教授の定義が DX についてなされた最初のものだということになります[1]。

残念ながらストルターマン教授の定義はあまりにもあいまいでつかみどころがないため、具体的な行動のてがかりにすることは困難です。そこで、DX に取り組みたいと考える人は、より具体的に書かれた定義を探して様々なウェブサイトや書籍をさまようことになります。ここでは、より具体的な定義の例として経済産業省の「**DX 推進ガイドライン**」に示されている DX の定義を検討してみることにします。

「企業がビジネス環境の激しい変化に対応し、データとデジタル技術を活用して、顧客や社会のニーズを基に、製品やサービス、ビジネスモデルを変革するとともに、業務そのものや、組織、プロセス、企業文化・風土を変革し、競争上の優位性を確立すること。[2]」

経産省の定義によれば、製品やサービスなどを「変革」することが DX とされています。しかも、その「変革」によってビジネス環境の激しい変化に対応することができ、結果として競争上の優位性を確立できるものであることが前提とされています。

---

*DX　Digital transformation の略。

そうすると、この「変革」とは単なる業務改善レベルのものではなく、より踏み込んだ本格的な取り組みが想定されているというべきでしょう。そして、このような踏み込んだ意味で「DX」を定義している書籍やウェブサイトはかなりの数存在しています。

● **DXの定義は論者によってまちまち**

ところが、世の中を見渡すと上記の「変革」には必ずしも当てはまらないような単なる業務改善の取り組みにも「DX」という名称が付されている例が多数見受けられます。例えば、総務省の自治体 DX 推進手順書参考事例集【第 1.0 版】には、**DX 事例**として大阪府東大阪市が議事録作成支援システムを導入した取り組みが紹介されています。このシステム導入は事例集自体が「デジタル技術を活用した業務改善等[3]」の一例として紹介しているものです。つまり、議事録作成支援システムの導入はあくまで業務改善レベルの取り組みであって経産省の想定している「変革」には該当しません。にもかかわらず「DX」という名称が付されているのです。このように「DX」を広く業務改善の取り組みも含めて捉えている書籍やウェブサイトもまたかなりの数存在しています。確かに、「DX」の元祖であるストルターマン教授の定義によれば、IT によって変化が生じる限り広く「DX」に含めることは可能です。

「DX」の定義については書籍やウェブサイトによってまちまちであり、それぞれの論者によって自説に引き寄せた定義が際限なく作られています。実は、このことが DX の理解を難しくしている真の原因だといえます。では、どうすればいいのでしょうか。こうしたケースでは、まず実態をありのまま観察する必要があります。つまり、**フィールドワーク**の手法を借用するわけです。「DX」という名称の付されたさまざまな取り組みをありのままに観察し、それらを類似するグループに分けることから始めるのが得策です。

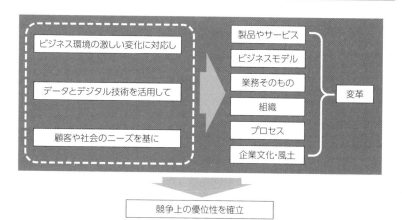

経産省によるDXの定義

ビジネス環境の激しい変化に対応し

データとデジタル技術を活用して

顧客や社会のニーズを基に

製品やサービス
ビジネスモデル
業務そのもの
組織
プロセス
企業文化・風土

変革

競争上の優位性を確立

注）「経済産業省　DX 推進ガイドライン [2]」をもとに作成

＊1　出典：ウィキペディアの執筆者，2021，「デジタルトランスフォーメーション」『ウィキペディア日本語版』，
　　 (2021 年 9 月 20 日取得，
　　 https://ja.wikipedia.org/w/index.php?title=%E3%83%87%E3%82%B8%E3%82%BF%E3%83%
　　 AB%E3%83%88%E3%83%A9%E3%83%B3%E3%82%B9%E3%83%95%E3%82%A9%E3%83%
　　 BC%E3%83%A1%E3%83%BC%E3%82%B7%E3%83%A7%E3%83%B3&oldid=85322545).
＊2　出典：経済産業省ウェブサイト
　　 (https://www.meti.go.jp/press/2018/12/20181212004/20181212004-1.pdf)

「DX」の名称で実施されている取り組みは2種類に分類可能

「DX」の名称で実施されている取り組みは市場・技術の大きな変化に適応するための取り組みとそのような意識のない取り組みの2種類に分類可能

◇ 「DX」という名称のついたさまざまな取り組み

「DX」という名称で実施されている取り組みには異なるタイプのものが混在しています。そこで、実際に行われている取り組みをいくつか観察してみましょう。総務省の自治体DX推進手順書参考事例集【第1.0版】では、自治体における実際の取り組みが多数紹介されていますので、その中から適当にピックアップしてみます。

まず❶「市町村が住民向けのスマホ講座を共同開催[*1]」した事例です。この取り組みは**デジタルデバイド対策**として実施されています。

次が❷「議事録作成支援システムの導入による議事録作成時間の削減[*3]」の事例です。従来は手作業で行っていた議事録作成にAIシステムを導入した取り組みです。

最後が❸「学童保育関連手続のオンライン化[*1]」の事例で、この取り組みによって保護者の負担が軽減されました。

自治体DX事例

	事例	自治体
❶	市町村が住民向けのスマホ講座を共同開催	群馬県渋川市・吉岡町・榛東村
❷	議事録作成支援システムの導入による議事録作成時間の削減	大阪府東大阪市
❸	学童保育関係手続のオンライン化	広島県呉市

注)「総務省　自治体DX推進手順書参考事例集【第1.0版】[*3]」をもとに作成

*1　出典：総務省ホームページ (https://www.soumu.go.jp/main_content/000759001.pdf)

次にDXの典型的な成功事例とされる❶Uber*と❷Airbnb*について検討してみます。❶Uberは日本ではオンラインで食事を配達してくれるUber Eatsが有名です。しかし、もともと米国ではお金を稼ぎたいドライバーと移動手段を利用したいユーザーとをマッチングするライドシェアサービスの企業としてスタートしました。「月間のアクティブユーザー数が世界中で9300万人を超えると推定*2」されるほど急成長を遂げています。また、❷Airbnbはオンラインによる民泊仲介事業を営む企業で、宿泊を提供してお金を稼ぎたいホストと宿泊を希望するゲストをマッチングするサービスです。2008年に創業すると急激な成長を遂げ、2012年には「1千万泊の予約を達成したと発表*3」しています。

DX典型事例

	事例	企業
❶	スマホを活用したライドシェアサービスで既存のタクシー業界を破壊	Uber
❷	ウェブ活用の民宿仲介事業で既存のホテル業界や旅行業界を圧倒	Airbnb

注)「ウィキペディア*4*5」をもとに作成

指数関数的な増加のグラフの例

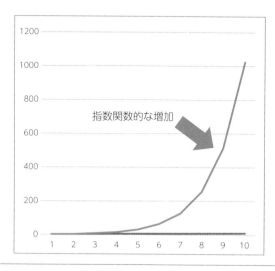

*Uber　正式社名はUber Technologies, Inc.　ライドシェアサービスなどを行う米国企業。
*Airbnb　オンラインによる民泊仲介事業を営む米国企業。

　多種多様な DX 事例を比較してみると、効果の大きさの点で他と異なる事例が散見されます。その典型例が❶ Uber と❷ Airbnb の事例です。

　いずれも、ゼロから起業した**スタートアップ**であるにもかかわらず劇的な成長をとげています。その成長の様子は単なる「右肩上がり」ではなく「指数関数的」なものです。下記のグラフは指数関数的な増加の様子を表したものですが、急激な上昇カーブになっていることがわかります。

　ちなみに、自治体に対して「成長」という物差しはふさわしくありませんが、劇的な効果が生じているかどうかという視点で比較することは可能です。そのような視点で見ると、上記の自治体 DX 事例①②③のすべてにおいて劇的な効果が生じているものはありません。また、一般に DX 事例と称されている民間の事例でも、指数関数的な成長には至っておらず、劇的な効果は生じていないものが多数を占めます。

　では、❶❷の事例ではなぜ劇的な効果が生じているのでしょうか。そのヒントを Airbnb 躍進の立役者である投資家グレッグ・マカドゥーは次のような言葉で示唆しています。「偉大な企業をつくりたければ、とても大きな波に乗る必要があります。しかも、市場や技術の波を他人と異なる目で見て、他人より早く気づけなければなりません。[4]」つまり、市場・技術の大きな波（変化）にいち早く気付き、それに乗ることに成功したからこそ、Uber や Airbnb は短期間で指数関数的な成長を遂げることができたのです。

　このように「**DX**」の名称で実施されている取り組みは 2 種類に分類可能であり、それは市場・技術の大きな変化に適応するための取り組みとそのような意識のない取り組みの 2 種類ということになります。なお、自治体の場合「市場」という言葉は「生活の場」とでも読み替えると、より分かりやすいかもしれません。つまり住民が暮らす「生活の場」の大きな変化に適応する取り組みということです。

＊2　出典：ウィキペディアの執筆者，2021，「Uber」『ウィキペディア日本語版』，（2021 年 9 月 21 日取得，https://ja.wikipedia.org/w/index.php?title=Uber&oldid=85558415）.

＊3　出典：ウィキペディアの執筆者，2021，「Airbnb」『ウィキペディア日本語版』，（2021 年 9 月 21 日取得，https://ja.wikipedia.org/w/index.php?title=Airbnb&oldid=84160755）.

＊4　出典：「UPSTARTS」（ブラッド・ストーン、2018 年、井口耕二訳、日経 BP 社）

03 なぜDXは２種類に分類できるのか？（マイケル・ポーターの視点）

経営学者であるマイケル・ポーター博士が「戦略とは何か」という論文において主張した「業務の効率化」と「戦略」の区別こそが DX を２種類に分類する本質的基準

◇「業務の効率化」の取り組みと「戦略」的取り組みの区別

　「DX」という名称で実施されている取り組みが市場・技術の大きな変化に適応するための取り組みとそのような意識のない取り組みの２種類に分類できるとすると、両者にはどのような本質的な違いがあるのでしょうか。この点を検討するにあたっては経営学者のマイケル・ポーター博士[*]が1996 年に「戦略とは何か」という論文で述べている視点が手がかりになります。

　マイケル・ポーター博士によると経営上の取り組みに関しては「『業務の効率化』と『戦略』を区別」する必要があり、業務の効率化とは「競争相手とほぼ同じ活動を競争相手より効率的に行う」ことだとされます[*7]。これに対して戦略とは「ライバルとは異なる活動を行うこと、もしくは似通った活動を異なるやり方で行うこと」であって両者は区別されるべきだとするのです[*1]。

　このような視点で改めて２種類の DX を眺めてみると、市場や技術という外部環境に大きな変化が生じた場合、従来と同じことをやっていたのでは適応することは困難です。そこで、必然的に従来とはまったく異なる活動ないしやり方を模索するという戦略的な取り組みが必要となります。こうしたことから、このタイプの DX を「**戦略的 DX**」と呼ぶことにします。

　他方、そのような意識のない取り組みでは従来とほぼ同じ活動について効率性を追求することになります。このタイプの取り組みでは外部環境の大きな変化に適応するという意識はありません。

---

[*]**マイケル・ポーター博士**　米国の経営学者かつ企業の戦略アドバイザー。ファイブフォース分析やバリュー・チェーンなどの競争戦略の考案者。

　そこで、自らの活動をまったく別のものに取り換えるといった大胆な動きにはなりにくいのです。あくまで従来の活動は維持したままで、その効率性を高めることだけにフォーカスするのです。

　実は、日本はこのタイプの取り組みを得意としてきました。業務の効率化は日本の多くの企業において「**カイゼン**」という名称で長年実施されてきた取り組みです。要するに日本企業や日本の自治体において戦略的DXの取り組みがほとんどみられないのは、私たちの多くがDXを「カイゼン」活動のようなものと無意識的に理解しているからではないでしょうか。そこで、このようなタイプのDXを「**カイゼンDX**」と呼び、「**戦略的DX**」と明確に区別することにします。

2種類のDX

市場・技術の大きな変化に 適応するためのDXの取り組み	そのような意識のない DXの取り組み
↓	↓
従来とはまったく異なる 活動ないしやり方を模索	従来とほぼ同じ活動について 効率性を追求
↓	↓
マイケル・ポーター博士 「戦略」的取り組み	マイケル・ポーター博士 「業務の効率化」的取り組み
↓	↓
戦略的DX	カイゼンDX

＊1　出典：「経営戦略の巨人たち」（ウォルター・キーチェル三世、2010年、藤井清美訳、日本経済新聞出版社）

戦略的DXの第一歩として
検討すべきこと

　戦略的 DX の第一歩は「市場の大きな変化」と「技術の大きな変化」を詳細に理解することです。これが戦略的 DX の取り組みでもっとも重要な要素です。日本の企業や自治体が DX で劇的な成功をおさめられない最大の理由は、この要素を無視するか軽く扱っているからだと思われます。そこで、この点に絞ってごく簡単に説明しておきます。

　「市場の大きな変化」から引き出さなければならないのはベネフィットです。ビジネス用語としてのベネフィットとは「客が商品・サービスから得られる良い効果」のことです。市場が変化するということは、従来なかったベネフィットが新しく登場しつつあるということを意味します。そこで、どのようなベネフィットが新しく生まれようとしているのかを洞察します。なお、この場合、客へのアンケートやインタビューだけでは的確な答えを得ることはできません。なぜなら客自身も答えをまだ知らないからです。

　「市場の大きな変化」は「技術の大きな変化」との相互作用の中から新しいベネフィットを生み出します。例えば、DX 典型事例❶の Uber のケースでは、世界金融危機という厳しい経済環境の変化が従来タクシーを利用していた人々にとって安くて利便性の高い新しい移動サービスの利用を受け入れやすくしていました。同じ頃、Apple の iPhone 用アプリストアの開設という「技術の大きな変化」が押し寄せており、一部の人々の脳裏にスマホを使ったライドシェアサービスのぼんやりとしたイメージが生まれつつありました。Uber の創業者たちはこのチャンスを逃すことなく巧みに Uber アプリを開発しました。Uber アプリの登場により新しいベネフィットは現実のものとなったのです。

　このように、新しく生まれつつあるベネフィットを洞察するためには、まず「市場の大きな変化」と「技術の大きな変化」との相互作用に注目する必要があります。

業務プロセスの改善を目的とする「カイゼンDX」

日本企業や日本の自治体において行われている DX の取り組みの大部分を占める「カイゼン DX」とは、従来の活動を維持したまま効率化する取り組み

◇「カイゼンDX」という視点で見た自治体DX事例

　　日本企業や日本の自治体において行われている DX の取り組みを理解するには「カイゼン DX」という視点で見ると大変わかりやすくなります。ちなみに本来の「カイゼン」とは、トヨタ生産方式の強みの一つとして日本だけでなく世界に普及している作業効率などの見直し活動のことをいいます。特に日本では製造業の生産現場を中心に幅広い業界で取り組まれていて、その考え方は自治体を含む日本社会全体に広く浸透しています。もっとも、本書の「**カイゼン DX**」とは必ずしも厳密な意味で「カイゼン」活動そのものを指しているのではなく、あくまで従来の活動を維持したまま効率化する取り組みが「カイゼン」活動に類似していることから名付けたものです。

　　では、具体的に自治体 DX 事例を「カイゼン DX」の視点で見てみましょう。例えばセクション 02 の自治体 DX 事例❶は「市町村が住民向けのスマホ講座を共同開催[3]」する取り組みです。これはデジタルデバイド対策*として行われており、インターネットやデジタル機器を利用できない住民に使い方を教えることで取り残されないようにするための施策です。その意味で直接的に効率化を目的としているわけではありません。しかし、こうした住民向けの研修会は以前からよく開催されていますので「従来の活動を維持」した取り組みといえます。従来から行っている住民向け研修会の開催という業務プロセスに工夫を加えて内容を改善しているわけですから「カイゼン DX」のグループに属します。

---

* **デジタルデバイド対策**　パソコンやスマホ等のデジタル技術を利用できるかどうかで生じている格差を解消するための対策のこと。

●「カイゼンＤＸ」は従来の業務プロセスの改善が目的

　また、自治体 DX 事例❷の「議事録作成支援システムの導入による議事録作成時間の削減[*3]」の取り組みはどうでしょう。ここでは議事録作成という従来から行われてきた業務について効率化が図られています。実際、システム導入により議事録作成にかかる時間を 3 割程度削減できるという結果が出ています。そこで、従来の業務プロセスの改善を目的とする「カイゼン DX」のグループに属するといえます。

　自治体 DX 事例❸では「学童保育関係手続の**オンライン化**」が取り組まれています。学童保育の入会・変更等の手続がオンライン化され、保護者は手続を行うために市役所に行く必要がなくなりました。この事例で、もしオンライン化がさらに徹底され、ほぼすべての手続についてオンライン申請ができるまでに取り組みが推し進められたと仮定したらどうでしょう。そこまで徹底されると自治体における業務プロセスが従来とはまったく異なるものに取り換えられたと評価できますので「カイゼン DX」ではなく「戦略的 DX」の取り組みとなる可能性があります。

地方だけでなく首都圏の自治体も DX は大きな課題です。

　もっとも、事例❸では単に学童保育に関する手続のみがオンライン化されたにすぎません。そこで、現状では従来の業務プロセスの改善を目的とする「カイゼンDX」の取り組みにとどまっているといえます。

「カイゼンDX」とは従来の活動を維持したまま効率化する取り組み

事例❶ 「市町村が住民向けの
スマホ講座を共同開催」する
取り組み

従来の業務プロせるに
工夫を加えて内容を改善

事例❷ 「議事録作成支援シス
テムの導入による議事録作成
時間の削減」の取り組み

従来の業務プロセス
の改善が目的

事例❸ 「学童保育関係手続き
のオンライン化」の取り組み

従来の業務プロセス
の改善が目的

注)「総務省　自治体DX推進手順書参考事例集【第1.0版】*3」をもとに作成

DXの概要と意義、必要性

業務プロセスの改革を目的とする「戦略的DX」

「戦略的DX」は市場と技術という外部環境の大きな変化に適応するために従来の業務プロセスを改革し、まったく別のものに取り換えるドラスティックな取り組み

◇ 業務プロセスのドラスティックな改革

　「戦略的DX」は、市場と技術という外部環境の大きな変化に適応するために、従来とはまったく異なる活動ないしやり方を模索する取り組みです。つまり、従来の業務プロセスを改革し、まったく別のものに取り換えるといったドラスティックな取り組みを意味します。この取り組みが成功すると、民間企業の場合であれば指数関数的な成長をとげ、自治体の場合であれば劇的な効果が生じることになります。

　例えば、DX典型事例❶のUberはスマホを活用した**ライドシェアサービス**※で既存のタクシー業界を破壊するほどの成長をとげています。Uberが直面した市場と技術の大きな変化とは次のようなものでした。まず、市場の変化は2007年に始まった世界金融危機によって引き起こされました。世界金融危機では全世界で失業者が2700万人から4000万人に達したといわれています。このような厳しい経済環境の変化は車を所有する一般の人々にドライバーとしてお金を稼ぐという発想を受け入れやすくしていました。同時に、従来タクシーを利用していた人々にとっても安くて利便性の高い新しい移動サービスの利用を受け入れやすくしていました。つまり、新しいUber型のライドシェアサービスが急成長できる市場の変化が進行していたのです。

●Uberが直面した技術の変化とは？

　では、技術の変化とはどんなものだったのでしょうか。この点についてはUberの共同創業者ギャレット・キャンプの趣味的な発想が技術の大きな変化を捉えるきっかけになりました。2006年に公開された「007 カジノロワイヤル」という映画の中で、主人公であるジェームス・ボンドが敵の所在地に車で向かう際に携帯電話のカーナビアプリのようなものを使う

※**ライドシェアサービス**　一般のドライバーが自家用車で利用者を希望の場所まで運んでくれる有料サービス

シーンがあります。ギャレット・キャンプがこの映画を見てアイデアを発想した 2008 年当時はスマートフォンが発売されたばかりの頃であり、実際にはカーナビアプリはまだ登場していません。しかし、このころ Apple が iPhone 用のアプリストアを開設し、誰でも簡単にオンラインサービス用のアプリを配布できるようになるという技術の変化が生じていたのです。結局、このときギャレット・キャンプがカーナビアプリのようなものから発想したアイデアが Uber アプリの原型になりました。

映画に登場したスマホのカーナビアプリ的なものが Uber アプリの原型となりました。

　Uber は市場と技術の大きな変化に適応するために従来のタクシー業界で常識だった業務プロセスを破壊し、まったく新しい業務プロセスに取り換えました。従来のタクシー業界では客は電話でタクシーを呼ぶか、流しのタクシーを拾うかしかありませんでした。しかも、タクシードライバーの人数が限定されていたため、必要なときになかなか利用できないという不便な状態でした。このような現状を Uber はスマホアプリによるライドシェアサービスで打破したのです。
　Uber の新しい業務モデルでは車さえ用意できれば一般人でもドライバーとして仕事をすることができます。客はスマホから好みの車を予約するだけで簡単に安く移動サービスを利用できるようになりました。このように「戦略的 DX」では市場と技術という外部環境の大きな変化に適応するために、業務プロセスをドラスティックに改革することが目的となります。

コラム 「もっと速い馬」

　DX に取り組む場合、利用者のニーズを正しく捉えることが大切です。詳細は第 4 章で説明しますが、ここでは重要な視点を紹介します。

　アップルの創業者であるスティーブ・ジョブズは T 型フォードの大量生産で有名なヘンリー・フォードが語ったとされる次の言葉をよく引用したそうです。「もし人々に何が欲しいか尋ねたら、彼らはもっと速い馬と言っただろう。＊」このようなことを実際にヘンリー・フォードが語ったかどうかは不明ですが、稀代のアントレプレナーであるスティーブ・ジョブズが好んで引用したという事実は重要です。そこで、この言葉を前提として考えてみます。

　ダイムラーがガソリン自動車を開発したのが 1885 年ですから、それ以前の時代となると 19 世紀の中頃ということになります。確かに、19 世紀の中頃は世界的に都市部ではまだ馬車の全盛期でした。一般的な馬が人を乗せて走る速度としては最高でも 60km/h 程度が上限だといいます。馬車になると当然それよりもかなり遅くなり、全速力でも 20km/h 程度です。そこで、当時の人々に「（乗物として）何が欲しいか。」と聞いた場合、人々は当然のことながら「もっと速い馬が欲しい。」と答えたでしょう。

　こうした人々のニーズを言葉どおりに満たそうとするならば馬の品種改良などによって実際に「もっと速い馬」を飼育して提供することになります。しかし、人々の言葉をより掘り下げ、人々が感じている本質的な不満を洞察できたなら、人々は「馬では乗物として遅すぎる」という漠然とした不満を感じているのだと理解できたでしょう。つまり「もっと速い乗物が欲しい」という新しい要請がここに発生していることに気付けたかもしれません。このように DX に取り組む場合に重要なのは、人々の表明した言葉の背後にある「本質的な不満」を的確に洞察することなのです。

＊出典：https://hbr.org/2011/08/henry-ford-never-said-the-fast

06 業務の効率化に必要なカイゼンDX

従来と同じ業務プロセスを効率化する取り組みに適したカイゼン DX を用いるべきなのは、外部環境の大きな変化に適応する必要のない場面

◇ カイゼンDXを適用すべき場面

　DX を理解しやすくするために、「DX」という名称で行われている取り組みをカイゼン DX と戦略的 DX の２つのタイプに分類しました。分類すれば性質の異なる DX をきちんと見分け、ふさわしい取り組み方をすることができるようになります。また、取り組んでいる DX のタイプをあらかじめ認識することで成果に対する過剰な期待を持たないようにすることも可能です。では、カイゼン DX はどのような場面に適用すればよいのでしょうか。

　カイゼン DX は、取り組む対象が従来と同じ業務プロセスであることを前提として、業務を効率化したい場合に適した DX のタイプです。そこで、外部環境の大きな変化に適応する必要のない場面で用いるのが適しています。例えば、これから DX にはじめて取り組むのであれば、いきなり大規模なプロジェクトに着手するのは大変です。そこで、**スモールスタート**＊として、身近な課題についてカイゼン DX の手法で取り組むというのも一つのやり方です。自治体 DX 事例②で紹介した議事録作成支援システムの導入の取り組みなどは比較的簡単に始められますのでスモールスタートの課題としては適しています。

＊**スモールスタート**　事業を小さい規模で開始すること。

● 外部環境の大きな変化への適応が問題とならない場面

　もちろんカイゼン DX だからといって簡単なものだけが対象となるわけではありません。例えば、愛知県瀬戸市が取り組んだ「電子決裁機能付き**文書管理システムの導入**[*3]」の事例は、「将来的な文書の電子管理、電子決裁への完全移行[*3]」が目指されていますので、自治体の持つ根強い紙文化への大胆なチャレンジといえます。

　もっとも、この事例全体では既存の業務プロセスを前提とし、業務の効率化を重要な目的としていますので、やはりカイゼン DX タイプの取り組みです。つまり、この取り組みだけを見る限り、外部環境の大きな変化への適応を目指す場面ではありません。

　このように、カイゼン DX を適用すべき場面としては、まず、**DX プロジェクト**の経験のない自治体がスモールスタートとして身近な課題に取り組む場面があります。また、特に外部環境の大きな変化への適応が問題とならず、単に既存の業務プロセスの効率化を目的として行われる取り組みもカイゼン DX を適用する場面といえます。

カイゼンDXを適用すべき場面

スモールスタートの場面

（例）　議事録作成支援システムの導入の取り組み

外部環境の大きな変化に適応する必要のない場面

（例）　将来的な文書の電子管理、電子決裁への完全移行を目指した、既存の業務プロセスの効率化を目的とする取り組み

注）「総務省　自治体 DX 推進手順書参考事例集【第 1.0 版】」をもとに作成

07 激変する外部環境への適応に必要な戦略的DX

市場と技術という外部環境の大きな変化に適応する必要がある場面では戦略的DXを用いるべきであり、激変する外部環境に適応できなければ待っているのは淘汰のみ

◇ 戦略的DXを適用すべき場面

　戦略的DXを適用すべきなのは外部環境の大きな変化に適応しなければならない場面です。このような場面では従来の業務プロセスを効率化するだけでは生き残ることができません。ここで想起されるのが生物の世界における「**自然淘汰**」の理論です。ダーウィンが唱えた「自然淘汰」では、環境の変化に適応できた生物種のみが生存し繁栄できるとされています。この理論はDXにおいても当てはまります。実際、市場と技術の大きな変化に見舞われた業界では激しい淘汰によって企業が消滅しています。例えば、DX典型事例❶では外部環境の変化に巧妙に適応できたUberの指数関数的な成長によって、サンフランシスコ最大のタクシー会社であるイエローキャブ社が淘汰され破産しています。

　不思議なことに日本におけるDXの取り組みでは外部環境の大きな変化を詳細なレベルにまで踏み込んで具体的に捉え、そこに適応していこうという発想があまり見られません。目につくのは「世の中でデジタルトランスフォーメーションが進行しているから自社も取り組む」というケースです。そして、こうした漠然とした外部環境の認識からいきなり自社のデジタル技術をどう活用するかという話に飛躍するのです。まるで、高度なデジタル技術さえあれば自社の都合でいかようにでも成功できると言わんばかりです。しかし、現実は違います。戦略的DXは**外部環境**への適応の問題であり、フリーハンドで采配を振るえる自宅のリフォームのようなものとはわけが違うのです。

● 「自然淘汰」における生物界とDXの違い

　環境への適応という意味で「自然淘汰」の理論を類推しましたが、決定的に異なるところがあります。それは、適応できるかどうかの条件の違いです。

生物界における「自然淘汰」で生き残れるかどうかを決めるのは遺伝子レベルの変異であって、あくまで偶然の産物です。これに対して、DXにおける「自然淘汰」で生き残れるかどうかを決める条件は意識的な適応の努力の適否なのです。外部環境の変化の詳細な特徴を理解し、そこにピンポイントで合わせていく精密な取り組みを実行できた組織だけが淘汰を免れ、**指数関数的**な成長を遂げることが可能となります。

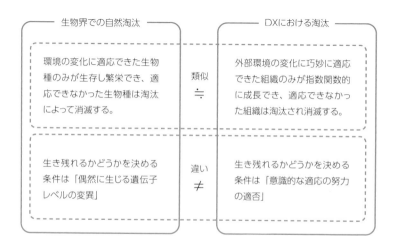

生き残れるかどうかを決める条件

生物界での自然淘汰

環境の変化に適応できた生物種のみが生存し繁栄でき、適応できなかった生物種は淘汰によって消滅する。

DXにおける淘汰

外部環境の変化に巧妙に適応できた組織のみが指数関数的に成長でき、適応できなかった組織は淘汰され消滅する。

類似 ≒

生き残れるかどうかを決める条件は「偶然に生じる遺伝子レベルの変異」

違い ≠

生き残れるかどうかを決める条件は「意識的な適応の努力の適否」

コラム　生物とAIの関係

　AI（人工知能）がDXにおいて極めて重要な地位を占めているのは、それまで人間にしかできなかった認識や判断といった高度の知的機能を持つようになったからです。特に、近年になって発展してきた**ディープラーニング**という手法によるAIは、データを与えると自ら学習して認識力や判断力を獲得することができるようになっています。このディープラーニングは実は生物の脳の構造を参考にして作られた仕組みが基礎となっています。

コラム 「本質的な不満」を洞察する方法

　コラム「もっと速い馬」では「本質的な不満」を洞察することが重要だと述べました。しかし、何の手掛かりもないならば、人々の表明した言葉の背後にある「本質的な不満」に思い至ることなど不可能です。そこで、改めて19世紀中頃の状況を調べてみると、実は大きな手掛かりが存在していたことがわかります。確かに19世紀の中頃は都市部では馬や馬車が全盛期でしたが、都市間の移動手段としては既に蒸気機関車が活躍していました。そして、当時の蒸気機関車の速度は年々上昇しており1829年時点で58km/hだった最高速度は、1888年には84.8km/hに達していました*。つまり、当時の人々は馬や馬車とは異なる「機械式の乗物」が、急激に速い速度で走るようになるというテクノロジー進化を目の当たりにしていたわけです。

　19世紀の中頃にはまだガソリン自動車は登場していませんでした。しかし、何かしら「機械式の乗物」が都市部でも高速で走行できるようになるかもしれない、というイメージを持つことは可能な状況となっていました。そして、このことは開発者側にとっても同様です。蒸気機関は小型・軽量化することが難しく、かつひどい煤煙を排出する欠点があり都市部での利用には向いていません。そこで、蒸気機関以外の方法で「機械式の乗物」を開発できないかという新しいテクノロジーへの着想ないし萌芽は当時の開発者の脳裏に浮かび始めていたことが容易に想像できます。このように考えると、19世紀の中頃の時代に「もっと速い馬が欲しい」という人々の言葉を「馬では乗物として遅すぎる」という本質的な不満として理解し、何らかの「機械式の乗物」の開発を着想することは偶然ではなく必然だったといえます。

　ここでポイントとなるのは、人々の不満を表面的な言葉としてでなく、その時代の**テクノロジー進化**と絡めて理解することです。人々の不満の背後には必ず「こんなことができるようになるかもしれない。」という漠然とした期待感のようなものが存在しているはずだからです。

*出典：https://ja.wikipedia.org/wiki/%E5%8C%97%E3%81%B8%E3%81%AE%E7%AB%B6%E8%B5%B0

2 業界の現状分析と改善の視点設定

DXはデジタル技術を活用して自治体を変革していくことであり、変革すべき現状を分析し、改善の視点を設定して取り組む必要があります。そこで、現状分析と改善の視点について見ていきましょう。

現状分析①
アナログからデジタルへの切り替えが遅れている行政サービス

デジタル化の遅れにより市民は申請手続きのために役所・役場に出向かなければならず、手続きも紙中心のアナログで進められているのが多くの自治体の現状

◇ 取り組みが遅れている自治体のデジタル化

DX の取り組みでは **AI*** や **RPA*** がよく活用されています。AI（人工知能）はチャットボットや自動翻訳など身近なところでも活躍していますし、RPA もパソコン上のめんどうな作業を人間に代わって自動で処理してくれる大変便利なツールです。総務省が 2020 年 12 月に公表した「AI・RPA の利用推進について[*1]」という資料によると、AI 導入済みの自治体は、都道府県が 68%、指定都市が 50%、その他の市区町村が 8%。また、RPA については、都道府県が 49%、指定都市が 45%、その他の市区町村は 9% です。都道府県や指定都市では導入が進んでいますが、小規模な自治体ではまだこれからというところでしょう。

小規模な自治体では AI や RPA のような**先進的テクノロジー**だけでなく、住民が申請手続きを**スマートフォン**でできるようにするといった取り組みもあまり進んでいません。相変わらず住民は役所・役場に出向かなければならず、手続きも紙中心のアナログで進められています。スマートフォンやパソコンで住民が手続きできるにはオンライン化がなされていなければなりません。オンライン化とはインターネットに接続された状態にすること。そして、全手続のうちオンラインで手続きできる件数の割合のことをオンライン化率といいます。総務省が 2019 年 5 月に公表した「行政手続等の棚卸結果等の概要[*2]」では、民間から地方自治体へのオンライン化率は 45% です。

***AI**　　Artificial Intelligence の略。
***RPA**　Robotic Process Automation の略。

　しかし、実際にオンラインで実施されている手続件数の割合（オンライン利用率）は34％しかありません。こうしたデータを見ると、まだまだ行政サービスは、アナログからデジタルへの切り替えが遅れていると言わざるを得ません。

　住民に対する行政サービスだけでなく、自治体内部の事務作業に関する簡単なデジタル化であってもあまりうまく進められていません。例えば**アプリケーション**を入れた**タブレット PC** を庁内に配布したのにほとんど使われなかったとか、内部事務を電子化したのに紙をスキャンして電子化する手間が増え効率が下がったので結局システムを使わなくなったといった事例もあります。いまだに多くの自治体ではデジタル化の取り組みに苦労しているのが現状です。

紙の文書をスキャンして電子化する作業に苦労して取り組んでいます。

＊1　出典：総務省ホームページ（https://www.soumu.go.jp/main_content/000724615.pdf）
＊2　出典：総務省ホームページ（https://cio.go.jp/sites/default/files/uploads/documents/tanaoroshi_gaiyou.pdf）

現状分析②
利用者中心の視点になっていない行政サービス

競争環境に置かれていないこと、契約制度・調達制度の問題、そして、そもそもデジタル化が進んでいないことなどが、自治体が利用者中心の視点になりにくい原因

◇ 利用者中心の視点になりにくい原因

　自治体は民間企業と異なり基本的には競争のない環境で仕事をしています。大多数の民間企業は顧客のニーズの変化に敏感であり、製品やサービスをニーズにフィットさせる不断の努力を当然のように行っています。なぜなら、そうした努力を怠ると競合企業に顧客を奪われ、最終的には淘汰されてしまうからです。これに対して自治体は競争環境に置かれていませんので、民間企業ほどは利用者である住民のニーズに敏感ではありません。実際、自治体の職員に**住民のニーズ**をどうやってつかんでいるか尋ねると、たいてい困惑した反応が返ってきます。こうした現状の転換を強く迫るきっかけとなったのが新型コロナウィルス感染症の蔓延でした。行政の情報システムが利用者視点に立って構築されていないこと、国や地方公共団体で**情報システム**がバラバラなことなど、様々な課題が明らかになったのです。課題の解決に向けて 2020 年 12 月に閣議決定されたデジタル・ガバメント実行計画には「利用者中心の**行政サービス**を徹底[*10]」していくことが明記されました。このように、従来、提供者の視点で行われがちだった国・地方の行政のあり方は、利用者の視点に立って取り組まれなければならないものに大きく変化したのです。

　自治体が利用者中心の視点になかなか転換できない原因は単に自治体職員の意識の問題だけにあるのではありません。実は、自治体の契約制度や調達制度が視点の転換を阻害している面があります。そもそも、利用者中心の視点で DX を進めるためには利用者の意見を取り入れて少しずつ改善を重ねていく必要があります。つまり、小さな失敗を重ねながら改良を繰り返していくわけです。

　しかし、自治体の場合は**契約制度**や**調達制度**がそもそも失敗を許容するようにはできていません。自治体の調達ではあらかじめつくるべきものが明確に決められていて、それを入札によって発注するというのが基本の仕組みです。そこで、利用者の反応や意見を踏まえながら徐々に完成に近づけていくというやり方は制度的になじまないのです。

　利用者中心の視点になれていない他の原因としては、そもそもデジタル化が進んでいないこともあります。なぜなら、デジタル化が進むと利用者のニーズをデジタル化された行動履歴から探ることが可能となるからです。利用者中心といっても、必ずしも利用者の生の声を拾うだけでは達成できません。例えば、自治体ではついつい声の大きい人の意見を拾ってしまいがちです。そこで「声なき声をどう拾っていくのか」が課題とされています。そうした課題を解決する有効な手段こそがデジタル化なのです。

デジタル・ガバメント実行計画(令和2年12月25日 閣議決定)*10

2　利用者中心の行政サービス改革

2.1　「サービス設計12箇条」に基づくサービスデザイン思考の導入・展開

　デジタル・ガバメントの実現は、単に情報システムを整備する、手続をオンライン化する、手続に係る費用を削減する、オンライン利用率を上げるということを意味するものではない。行政サービスは、そもそも、国民や企業に価値を提供するもの、又は国民や企業が価値を創造する一助となるものでなければならない。こうした観点から、利用者中心の行政サービス改革を徹底し、利用者から見て一連のサービス全体が、「すぐ使えて」、「簡単」で、「便利」な行政サービスを実現する。

出典：首相官邸ホームページ (https://www.kantei.go.jp/jp/singi/it2/kettei/pdf/20191220/siryou.pdf)

業界の現状分析と改善の視点設定

現状分析③
DXに対する自治体職員の関心が薄く知識も不足

紙の文書にハンコを次々と押して処理する自治体の文化、DX の概念があいまいなこと、そして DX は情報部門だけの問題と誤解していることが DX に関心が薄い原因

◆ DXに対する自治体職員の関心が薄い原因

　　DX と IT *の区別がついていない人が多いのは民間企業でも自治体でも同じことですが、民間企業は競争環境に置かれていますので関心を持たざるを得ない状況にあります。また、民間企業ではコスト削減の観点から積極的に DX 関連のデジタルツール*を導入する傾向があるのに対して、自治体では紙の文書をベースに処理する文化が根強いためデジタルだけで処理を進めるというやり方に踏み出しにくい傾向があります。つまり、自治体では、紙の文書にハンコを押すという作業を積み重ねることで意思決定を成立させるという文化が深く組織の中に定着しているのです。こうした文化を大きく変えていかない限り、**デジタルツール**が本格的に導入され活用されるようにはなりにくいといえます。そして、デジタルツールが自治体職員の日常業務の中に本格的に浸透していない業務環境では、強い関心も生まれにくいのです。

　　もちろん、DX という概念につきまとっている「あいまいさ」も自治体職員の関心の低さの原因です。第１章で述べたように、DX という言葉で取り組まれている事例を分析すると「カイゼン DX」と「**戦略的 DX**」という性質の異なる取り組みに区分することができます。つまり、本来まったく異なる別種の取り組みを「DX」という一つの言葉に無理やり押し込んでいるのです。ですから、DX について知ろうとしても、混乱してしまい訳が分からなくなりがちです。訳が分からないことは納得することもできませんので、自分事として捉えることができず関心も薄れていきます。

＊**IT**　Information Technology
＊**デジタルツール**　ウェブ会議システムや電子契約システムなどデジタル技術を活用したツール ology の略。

　さらに、仮に関心を持てたとしても DX はデジタル技術の問題なので情報部門の仕事だと誤解してしまい、他の部門の人たちが自分事として捉えてくれないという問題もあります。DX は、情報部門だけでなくすべての部門の業務に深く関係していきますから、自分事として捉え、取り組んでいくことが重要です。自治体のすべての部門の人たちが DX を自分事と捉えてくれるようになると、必要な知識も自然と習得されていくことでしょう。

現状分析④ DXのスペシャリスト人材とプランナー人材が不足

一つの分野を極めた専門家であるスペシャリスト人材とデジタル技術の知識をもとに具体的な DX プランを企画・立案するプランナー人材は自治体 DX に不可欠な存在

◇ 自治体DXのために必要な人材の現状

　　自治体では事務職に比べて技術職の人数が圧倒的に少なくなっています。もともと採用数が少ない上に、収入面等で民間企業の方が魅力的だからです。しかし、DX に本格的に取り組もうと考えるなら、自治体内に一定数の技術職つまり**スペシャリスト人材**は不可欠です。実はスペシャリスト人材*の不足は日本の民間企業についても程度の差こそあれ共通した問題であり、構造上の欠陥といえます。日本では組織の中で伝統的にジェネラリストが重視され、経営幹部への道を歩むためにはジェネラリストとして広く社内の各部署を経験することが求めらてきました。こうした人事政策が結果的に一つの分野を極めた専門家であるスペシャリスト人材の不足を招いたのです。

　　DX を実行するために必要なスペシャリスト人材とは、例えば、AI 分野で言えば **AI エンジニア***や**データサイエンティスト***といった専門人材のことを指します。もちろん、短期的な課題についてとりあえず成果が出せれば問題が解決するという場合は外部人材を公務員として採用するという方法もあります。しかし、そうしたやり方では当面の課題が解決するとスペシャリスト人材に能力発揮の場がなくなってしまいます。その結果、スペシャリスト人材は能力を陳腐化させるか職務環境に不満を感じて民間に流出してしまうといった結末になりがちです。

***スペシャリスト人材**　特定の分野について専門的な知識や技術を持つ専門人材のこと。
***AI エンジニア**　　AIの開発や AI を使ったデータ解析などを専門的に行う技術者のこと。
***データサイエンティスト**　統計学や AI などの技術を駆使してデータを分析し有益な知見を抽出する専門家。

　スペシャリスト人材だけでなくDXに関する**プランナー人材**も大きく不足しています。DXプランナーとはデジタル技術全般の基本知識と最新のソリューションに関する豊富な情報をもとに具体的なDXプランを企画・立案する人材です。取り組むべき課題を明らかにしながら、デジタル技術を適切に活用して解決するプランを創出できる能力を有していることが前提となります。つまり、DXプランナーは従来の**ジェネラリスト**とは全く異なり、DXの専門家である点ではスペシャリスト人材と違いはありません。ただ、その専門性の対象が異なっているだけです。

　第1章で述べたようにDXはカイゼンDXと戦略的DXの2種類に分類されます。それぞれ目的と適用場面が異なるため適切に使い分けるには高度の分析力と洞察力が不可欠です。さらに、課題の解決につながるDXプランを企画・立案し、関係者を説得する能力も必須です。要するにDXプランナーは現状では極めて希少な存在であると同時に、DXの取り組みを成功させるカギとなる人材でもあるといえます。

スペシャリスト人材

プランナー人材

現状分析⑤
自治体の課題の迅速かつ柔軟な解決を阻む縦割りの組織文化

自治体に根強い縦割りの組織文化が、行政サービスの非効率、組織内部における業務効率化の阻害、社会課題に対する柔軟かつ迅速な対応の遅滞を引き起こしている原因

◆ 縦割りの組織文化による弊害

　行政組織が**縦割り**となっている理由は、もともと効率的に組織を運用するためでした。ある程度の規模の組織では機能別に区分して役割分担しなければ効率的に仕事をすることができないからです。そこで自治体でも部署ごとに役割が明確に定められています。しかし、組織の規模が大きくなってくると各部署がそれぞれの役割だけを考えて行動するという縦割りの組織文化による弊害が生じてきます。例えば、行政サービスを利用しようとする住民が次々といくつもの部署をたらい回しにされるといった弊害です。このように本来、効率的な運営のために行われている組織の縦割りが、かえって行政サービスの非効率の原因になっているのが現状です。

　縦割りの**組織文化**による弊害は行政サービスの面だけでなく組織内部における業務効率化の面でも生じています。例えば、それぞれの部署ごとにソリューションを導入し効率化する努力をした結果、部分最適になってしまっているのです。部分最適とは、ある部署で効率化によって業務量が減少しても、その分だけ他の部署の業務量が増えてしまうといったようなことです。こうした問題を部署同士で調整しようとしても縦割りの組織文化が根強いためなかなかうまくいきません。DX は単純なデジタルツールの導入ではなく組織全体の**業務改革**（BPR＊）を伴う取り組みですから、部署相互間の調整が円滑にできなければ本格的な DX を進めることも難しくなります。

＊**BPR**　Business Process Re-engineering の略。

　このような弊害は社会環境や自然環境があまり変化しない時代ならば見過ごされてしまったかもしれません。しかし、今や環境が急速に変化する時代になっています。例えば、社会環境については急激に少子高齢化が進行し、自然環境については地球温暖化によって災害も頻繁に発生するようになっています。こうした変化の時代には解決しなければならない社会課題が次々と生じてきます。しかし、行政組織が縦割りのまま分断されている状態では社会課題に柔軟かつ迅速に対応することができません。行政における縦割りの組織文化の克服がDXを前に進める条件といえます。

両利きのDX〜カイゼンDXと戦略的DX の二刀流

オライリー教授とタッシュマン教授は「両利きの経営」（2019年　東洋経済新報社）という本で、組織が新しい分野を開拓する活動と従来の取り組みを改善していく活動の両方をバランスよく行うことの重要性を述べています。両利きとは、相反する2つの活動を右手と左手になぞらえ、両方ともに効果的に実施できる状態のことを意味しています。

相反する2つの活動のバランスを取る必要があるのはDXについても同様です。具体的には、組織が従来の活動を改善しながら、同時に市場（生活の場）と技術の大きな変化にも適応したいと考える場合です。この場合、カイゼンDXと戦略的DXに並行して取り組むことになります。しかし、カイゼンDXと戦略的DXを同時に進めるのはかなり難易度が高い取り組みです。ポイントは2種類のDXをしっかり区別し、担当する人員や組織を分けて取り組むことです。

具体的に見てみましょう。カイゼンDXは、取り組む対象が従来と同じ業務プロセスであることを前提として、業務を効率化したい場合に適したDXのタイプです。そこで、どちらかといえば組織内部に目を向けた取り組みであり、従来の業務プロセスを熟知した人材に任せるのが適切です。

これに対して、戦略的DXは、市場（生活の場）と技術という外部環境の大きな変化に適応するために、従来とはまったく異なる活動ないしやり方を模索する取り組みです。そこで、組織の外に視野を広げて外部環境を詳細に分析し、変化の本質を理解した上で適応のための道を探索しなければなりません。こうした活動は従来の業務とはまったく別のものであり、人材的にも広い視野を持った柔軟性のある人物が適格です。

このようにカイゼンDXと戦略的DXの二刀流、すなわち両利きのDXを成功させるためには、2種類のDXの本質を理解して両者をしっかりと区別し、かつ、人員や組織を分けて取り組むことが重要だといえます。

06
改善の視点①
行政サービスのデジタル化を徹底

自治体が適応すべき外部環境の変化の一つは住民の生活の場における大きな変化である「スマートフォンの普及」であり、スマホだけでサービスを完結することが必要

◇ 住民の生活の場の大きな変化とデジタル化の徹底

　戦略的DXとは一般的には市場と技術という外部環境の大きな変化に適応することです。しかし、自治体の場合は住民をサービスの対象としていますので「市場」ではなく「生活の場」とでも言い換えた方が適切です。では生活の場で生じている大きな変化とはどんなものでしょうか。誰でもすぐに理解できる生活の場の大きな変化は「スマートフォンの普及」でしょう。具体的には2007年に発売されたiPhoneや翌年発売の**Android端末**＊が爆発的な勢いで世界中に普及しました。

　日本でも総務省の「令和2年通信利用動向調査＊1」によると2020年における「スマートフォン」の世帯保有率は86.8％と8割を超えるに至っています。

　スマートフォンの普及は住民の生活の場を大きく変化させていて、スマートフォンを通じて民間企業のサービスを利用したり、商品を購入したりすることが日常となっています。つまり、自治体にとっての外部環境である「生活の場」が大きく変化してしまったのです。その結果、住民サービスを提供すべき「場」も従来の「役所・役場の窓口」から「スマートフォン（あるいはPC等の電子機器）」に変えることが切実に求められるようになっています。

　もちろん、先進的な自治体では窓口サービスのデジタル化を進めていて、スマートフォンでもかなりの手続きを行うことができるようになっています。

＊**Android端末**　Googleが開発した基本ソフトであるAndroidを搭載したスマートフォンなどの携帯情報端末のこと。

しかし、なかなかスマートフォンだけで完結できるようなサービスは少なく、課題の一つです。政府も平成14年に施行したデジタル手続法で、個々の手続・サービスを一貫してデジタルで完結させるという**デジタルファースト**をデジタル3原則の一つとして掲げていて、部分的でなく終始一貫してデジタルで行政サービスを利用できる状態の実現が望まれます。

　行政サービスのデジタル化を徹底するためには、実は自治体内部のデジタル化だけを進めるのではうまくいきません。なぜなら、そもそも情報が外部からデジタルで入ってこなければ、結局自治体側で紙文書を手作業でデジタル化しなければならず、余計な手間がかかってしまうからです。自治体のデジタル化を推し進めるためには、組織内部のデジタル化と同時に情報の発生源である外部の市民等のデジタル化もセットで進めることを考える必要があります。その意味でも、例えばスマートフォンで手続きが完結できるようにデジタル化を徹底してくことが求められています。

スマートフォンだけで遠隔地から役所・役場の手続きが完結します。

＊1　出典：総務省ホームページ (https://www.soumu.go.jp/johotsusintokei/statistics/data/210618_1.pdf)

07 改善の視点② デザイン思考を徹底

デザインの世界で長年用いられてきたプロセスや技術をサービスの分野にも応用しようというデザイン思考を、行政サービスについても徹底して活用することが必要

◆ デザイナーの発想法を行政サービスの改革にも活用する

　2020年に閣議決定された**デジタル・ガバメント**実行計画には「デジタル・ガバメントの実現に向けた行政サービス改革を進めるに当たり、これまでの取組から得られたノウハウやサービスデザイン思考を導入し、利用者中心の行政サービス改革を推進する。[10]」と述べられています。ここに登場する**デザイン思考**とは、デザインの世界で長年用いられてきたプロセスや技術をサービスの分野にも応用しようという考え方のことです。デザイン思考は、サービスを利用者の視点で捉えなおし、最良の**ユーザーエクスペリエンス**の創出を目標としているところに特徴があります。

　そもそもデザイナーは製品をデザインするときに見た目が美しくなるようにといった単純な発想で取り組んでいるわけではありません。例えば年配者向きのスマートフォンの画面をデザインする場合を考えてみましょう。年配者は目まぐるしく登場する新しい装置に違和感を持っていて、視力の衰えにより小さな画面に表示された細かい文字を読むことも苦手です。デザイナーは、こうした利用者の現実をリサーチにより的確に洞察し、年配者にとって見やすく使いやすい画面とはどんなものなのか新しいアイデアを創出します。さらに**プロトタイプ**のスマートフォンを実際に用意して年配者に使ってもらい**フィードバック**を得ることで改良を重ねるのです。

　デザイン思考の詳細については専門書に譲りますが、デジタル・ガバメント実行計画で紹介されている下記の「サービス設計12箇条」はデザイン思考を具体化したものであり参考になります[10]。

第1条 利用者のニーズから出発する

第2条 事実を詳細に把握する

第3条 エンドツーエンドで考える

第4条 全ての関係者に気を配る

第5条 サービスはシンプルにする

第6条 デジタル技術を活用し、サービスの価値を高める

第7条 利用者の日常体験に溶け込む

第8条 自分で作りすぎない

第9条 オープンにサービスを作る

第10条 何度も繰り返す

第11条 一遍にやらず、一貫してやる

第12条 情報システムではなくサービスを作る

　このようにデザイナーの世界で培われてきたプロセスや技術をサービスの設計にも応用し、利用者にとって使いやすく便利なサービスを実現するものがデザイン思考です。ですから、民間企業が提供するサービスだけでなく、行政サービスについてもデザイン思考を徹底して活用してくことが求められます。

年配者にはスマホの小さな画面に表示された細かな文字は読みづらいものです。

08 改善の視点③ デジタルファースト、ワンスオンリー、コネクテッド・ワンストップ

行政のあらゆるサービスを最初から最後までデジタルで完結させるために不可欠な3原則であるデジタルファースト、ワンスオンリー、コネクテッド・ワンストップ

◇ デジタル3原則

2002年に施行されたデジタル手続法は、**デジタルファースト***、**ワンスオンリー***、**コネクテッド・ワンストップ***の3つを、デジタル技術を活用した行政の推進の基本原則とすると定めています[※1]。

デジタルファーストとは、個々の手続・サービスが一貫してデジタルで完結しなければならないという原則です。例えば、住所変更手続きなどで役所・役場に出向くと窓口でかなりの時間待たされることが少なくありません。そこで、あらかじめスマートフォンで所定のウェブサイトの入力欄に住所・氏名・生年月日などを記入できるようにし、その情報がQRコード化されるシステムを採用している自治体もあります。窓口ではQRコードを提示すればよく、複数の手続きがある場合も別々の申請書に同じ情報を何度も記入しなくて済むというメリットがあります。しかし、このシステムはデジタルファーストの観点からは、さらなる改善の取り組みが求められます。なぜなら、スマートフォンに入力するだけで情報が直接自治体の情報システムに取り込まれて手続きが完結するならば、わざわざ役所・役場にまで出向いて**QRコード**を提示する必要もなくなるはずだからです。

2つめのワンスオンリーとは、一度自治体に提出した情報は二度提出することを不要としなければならないという原則です。この原則は、基本的には複数の行政機関相互間で問題になります。

ある行政機関に提供した情報については、他の行政機関に重ねて提供しなくても済むようにすべきです。そのためには複数の行政機関が相互に連

***デジタルファースト**　個々の手続・サービスが一貫してデジタルで完結。
***ワンスオンリー**　　　　一度提出した情報は、二度提出することは不要。
***コネクテッド・ワンストップ**　民間サービスを含め、複数の手続・サービスをワンストップで実現。

携して情報を共有できればいいわけです。ワンスオンリーとは、このようなあり方を目指すべきだという原則です。

　3つめのコネクテッド・ワンストップとは、民間サービスを含め、複数の手続・サービスをワンストップで実現しなければならないという原則です。例えば、別の自治体へ引越しする場合を考えてみましょう。まず引越し前にやるべきこととして、引越し元の自治体への転出届の提出・児童手当に関する手続き、電気・ガス・水道に関する手続き、郵便局への住所変更手続きなどたくさんのものがあります。さらに、引越し先の自治体への転入届の提出・児童手当に関する手続きなどもあります。現在は、こうしたたくさんの面倒な手続きを行政機関や民間事業者に対してそれぞれ行わなければなりません。そこで、関連する手続きは一度にまとめて済ませることができるようにすべきだという原則がコネクテッド・ワンストップです。もしコネクテッド・ワンストップが実現したならば、例えばスマートフォンですべての手続きを簡単に済ませることができるようになるでしょう。

　これらのデジタル3原則は、行政のあらゆるサービスを最初から最後までデジタルで完結させるために不可欠なものであり、自治体がDXに取り組む際に改善の視点として押さえておくべき原則といえます。

デジタル3原則

①**デジタルファースト**
　個々の手続・サービスが一貫してデジタルで完結しなければならないという原則
②**ワンスオンリー**
　一度自治体に提出した情報は二度提出することを不要としなければならないという原則
③**コネクテッド・ワンストップ**
　民間サービスを含め、複数の手続・サービスをワンストップで実現しなければならないという原則

注）「デジタル手続法の概要*12」をもとに作成

＊1　出典：首相官邸ホームページ（https://www.kantei.go.jp/jp/singi/it2/hourei/pdf/digital_gaiyo.pdf）

コラム

パーソナルDXとは何か？

　DX は企業や自治体などの組織だけの問題ではありません。実は、DX という言葉だけを見る限り「デジタル技術によって変革すること」という程度の意味しか含まれていません。「何を」変革するのかについてはもともと決まっているわけではないのです。つまり、変革の対象が個人の仕事能力や生活スタイルであっても差し支えありません。そこで、登場する考え方が「パーソナル DX」です。個人がデジタル技術を活用して自らの仕事能力や生活スタイルを変革するという考え方です。

　今、多くの人たちが新しいデジタル技術を仕事や生活に取り入れることで影響力を拡大したり、生活を豊かにしたりしています。例えば、YouTube、Twitter、Instagram などの新しいデジタル技術を使いこなして、多くの収入を得たり、海外まで人間関係を広げたりしています。また、高度な翻訳ソフトを活用して海外のメディアの最新情報にいち早くアクセスしたり、優れた技術者のブログから最先端のテクノロジーに関する情報を得たりしています。

　特に注目されるのが**パーソナル DX** を活用して海外で目覚ましい活躍をしている大谷翔平選手です。意外に思われるかもしれませんが、最新のデジタル技術を活用することで大谷選手は高度なパフォーマンスを発揮できるようになったのです。具体的には「**パルススロー** ＊」という投球解析ウェアラブルデバイスを身に着けて投球練習をすることで、肘の疲労度などを数値化して練習量を調整しています。この最新 AI 機器は、腕に巻いた黒いバンドの内側に小型センサーがセットされていて、腕の角度や振りのスピードなどを数値化してくれます。大谷選手は 2018 年に肘の手術をしており、過度な負担をかけることは危険です。そこで、疲労しすぎないようにデジタル技術によって自分でコントロールしているのです。パーソナル DX とはデジタル技術を個人でも最大限活用することで、これまで不可能だと思われてきた高度な成果を実現しようとする新しい考え方です。

＊出典：https://news.yahoo.co.jp/articles/dbd09690a48b28892562529af118c731ad20adc4

改善の視点④
自治体職員の意識改革

DXの取り組みで利用者が便利になるだけでなく自治体職員の事務も簡素化され負担が軽減されることを理解してもらうと、DXが「自分事」に変わり意識も変化

◆DXを自分事と理解することが決め手

　自治体職員のDXに対する関心が低い理由としては、紙の文書にハンコを次々と押して処理する自治体の文化、DXの概念があいまいなこと、そしてDXは情報部門だけの問題と誤解しているといったことが考えられます。もちろん、こうした意識の背後には、毎日同じようなことを適切に処理していれば特別なことをしなくても収入が保証されるという公務員制度の特殊性があります。結果的に、なるべく余計なことはしたくないという意識が大勢を占めることになるわけです。

　こうした根強い意識を変えていくためには、まずDXを「自分事」と感じられるような体験をしてもらうことが重要です。例えば、窓口サービスをデジタル化することで手続きが簡単になり、利用者にとって便利になったとします。この取り組みは利用者にとってはメリットがありますが、それだけでは職員の意識を変えることはできません。しかし、窓口サービスの改善と同時に業務の効率化もセットでやることを理解してもらうと意識が変わってきます。つまり、デジタル化で手続きを簡単にすることによって職員の事務も簡素化され負担が軽減されます。そのことを理解してもらうと、そこで取り組みがようやく「自分事」に変わり意識も変化するのです。

　もっとも、自治体職員が変化に対して消極的なのは長い年月をかけて根付いてきた一種の文化という面があります。そこで、消極的な文化がしみ込んでいる職員は一朝一夕に変わることができないのも事実です。しかし、5年、10年といった期間でみると、例えばスマートフォンが当たり前になっている若い人たちに職員も世代交代していきます。また、競争環境に置かれた民間企業出身の外部人材を登用したり、内部の職員を外部と交流させるといった施策によっても自治体を構成する人材は新陳代謝していきます。こうした世代交代や積極的な施策によってもDXを「自分事」と捉

えられる意識に変化させることは可能です。

　自治体は縦割り組織であり、それぞれの部署は自らの役割だけを考えて行動する傾向があります。そこで、DX は IT 関連だから情報部門の仕事であり自分の部署とは無関係と捉えてしまいがち。反対に、**情報部門**にとっても他部署の業務にうかつに手を出せないという壁があります。こうした縦割り組織文化に対抗するには、結局のところ強いリーダーシップをトップに発揮してもらう他はありません。その上で、**DX 推進体制**をしっかり構築することが必要です。政府がデジタル庁を設置し強い勧告権を付与したのは、まさにそうした狙いからだといえます。

意識変革の３つのポイント

①行政サービスの向上と業務の効率化はセット
　（業務の効率化により職員の負担が軽減されることを理解してもらう）
②世代交代や外部人材の登用などによる人材の新陳代謝
③強いリーダーシップの発揮と DX 推進体制の構築

コラム　パーソナルDXでDXを自分事にする！

　デジタル技術を積極的に個人でも仕事や生活に取り入れる考え方をパーソナル DX といいます。一昔前はスマートフォンさえも苦手意識から利用しないという人が少なくありませんでした。しかし、今となってはとても便利なツールであることをほとんどの人が実感しています。デジタル技術もスマートフォンと一緒です。なんとなく難しそうで手が出しにくく感じるかもしれませんが、思い切って様々なツールを利用してみましょう。そうすれば案外簡単に使え、大きな効果が得られることを実感できるでしょう。こうした経験が DX を自分事にすることにつながります。

改善の視点⑤
2種類のDX人材の確保・維持

DXに不可欠なスペシャリスト人材とプランナー人材を確保・維持するためには、従来のメンバーシップ型雇用では無理でありジョブ型雇用に変えていくことが必要

◇ DX人材の確保・維持に適した雇用制度

　DXを実行するためには、デジタル技術を実装できる能力を持つスペシャリスト人材とデジタル技術に関する広い知識をもとに具体的な **DXプラン** を企画・立案できるプランナー人材の2種類が必要です。こうした専門人材を自治体が確保するためには、採用時の条件を魅力的なものにすることが不可欠です。

　日本では官民問わず雇用は **メンバーシップ型** ＊が主流です。新卒一括採用され様々な部署を転々と移動しながらゼネラリストとして組織全体のことを幅広く知っている人材に育成されます。こうした **ゼネラリスト** ＊中心の組織は同質的でまとまりがよいため、外部環境が大きく変化しない時代には一丸となって一つの方向に突き進むことで強みを発揮できていました。しかし、すでに世界は市場や技術という外部環境が劇的に変化する時代に突入しています。そして変化の激しい時代において、ゼネラリスト中心の同質的な組織は適応能力を著しく欠いた集団として淘汰の荒波に沈むのを待つばかりとなっています。

　外部環境が劇的に変化する時代に組織を適応させるためには、なんとしてでもメンバーシップ型の雇用制度を急速にジョブ型に変えていく必要があります。そのような根本的な変革なくして、専門家であるスペシャリスト人材やプランナー人材を確保することは困難なのです。これは民間企業だけでなく自治体についても同じく当てはまります。現在は、自治体であっても破綻する可能性は低くありません。専門性の高い少数の職員によりコストは削減しながらも魅力的で多様な行政サービスを提供し、住民や企業に喜ばれる自治体に変化するというDXの取り組みこそが破綻を免れる唯一の道です。

＊**メンバーシップ型**　日本型雇用とも呼ばれる雇用システムであり、新卒一括採用、年功序列、終身雇用などの特徴がある。
＊**ゼネラリスト**　広く浅い知識や経験を持つ人材のこと。

　人材は採用するだけでは十分に活躍してもらうことができません。特にスペシャリスト人材とプランナー人材については、継続的に意欲と能力を維持し続けられる環境を整備することも採用以上に重要です。なぜなら、これらの専門人材は能力を存分に発揮できる機会が与えられなければ腕が鈍っていき意欲も減退していくからです。この問題は自治体のDXに対する取り組みが積極的であり続けるならば挑戦と活躍の機会が十分に得られますので発生しないといえます。

同質的なゼネラリスト集団の船が淘汰の荒波に飲み込まれようとしています。

> **コラム**
>
> # なぜゼネラリストではダメになったのか？
>
> 　日本では日本型雇用を背景として大多数の人材が同質的なゼネラリストに育成されてきました。しかし、環境の変化がゼネラリスト一色の組織を脆弱なものに変えてしまいました。その環境変化とは**高度テクノロジー社会**の到来です。従来のテクノロジーならゼネラリストでも学校教育で習得した知識で対応できていました。しかし、今や凄まじい速度でテクノロジーが進化するようになっています。もはやゼネラリストでは太刀打ちできません。これがゼネラリストではダメな理由です。

コラム リサーチスキル

　パーソナル DX を実際に実行して成果を出すためには、それなりのスキルが欠かせません。最も基礎となるパーソナル DX スキルの一つが「**リサーチスキル**」です。組織において DX プロジェクトを進める上でも第 4 章で説明する「デザイン思考」の手法の一つとしてリサーチが重要です。同じように、パーソナル DXでもリサーチスキルの習熟レベルによって得られる成果が大きく左右されてしまいます。

　リサーチスキルには様々なものがありますが、テクノロジーに関するリサーチについて一例を挙げると、YouTube サイトの検索窓を使って英語で特定のテクノロジーを調べる方法が有効です。具体的には、検索窓に例えば「Artificial intelligence」などと英語で入れて、関連する情報を提供している動画を見つけるのです。玉石混交ですが、中にはとても情報価値の高い動画も含まれていて、貴重な情報源となります。なお、英語力に自信のない人でも YouTube には日本語の字幕を付けてくれる機能もありますので積極的に利用してみることをお薦めします。

　テクノロジーに関するリサーチスキルの二例目としては、優れたサイトを見つけて徹底的に利用するスキルを紹介します。例えば、ロボットについて詳しくなるにはロボットスタート株式会社が運営する「**ロボスタ** (https://robotstart.info/)」のようなサイトをブックマークしておき、情報を常に更新するようにします。また、AI（人工知能）の最新情報なら株式会社レッジが運営する AI 関連メディア「Ledge.ai (https://ledge.ai/)」などが便利です。他にも、少し専門的になりますが、株式会社 Parks が運営する「**アイブン** (https://aiboom.net/)」は、毎日更新される世界中の AI 論文を無料で読むことができる優れたサイトです。こうしたサイトを日ごろから開拓しておき、最新情報を仕入れる活動を習慣化するとよいでしょう。

11 改善の視点⑥
業務改革(BPR)を徹底

自治体においてDXを効果的に進めるためは、単純にソリューションを導入すること
だけを考えるのでなく、同時に業務改革(BPR)を徹底することが必要

◆ソリューションの導入と業務改革(BPR)の実施

　デジタル・ガバメント実行計画(令和2年12月25日閣議決定)では、「利用者中心の行政サービスを実現する上で、行政手続及びそのオンライン化はあくまで手段」であり、「デジタル化の効果を最大限に発揮するためにも、デジタル化の目的である『利用者中心の行政サービス』等に立ち返った業務改革(BPR*)」に取り組む必要があると述べています[*10]。

　BPRとは業務改革、すなわち業務プロセスや組織構造を再設計することを意味します。自治体におけるDXはデジタル技術を活用して行政サービスや内部の事務を変革するものですから、当然、業務改革(BPR)が行われることを前提としています。例えば、内部事務をデジタル化する場合、単純に**ソリューション***を導入すれば便利になるというものではなく導入に合わせて業務のやり方を効果の出やすいものに見直す必要があります。つまり、ソリューションの導入と仕事のやり方の見直しはセットで実施しなければ効果が出ないのです。このように、DXを進める場合は、単純にソリューションを導入することだけを考えるのでなく、同時に業務改革(BPR)を徹底することが求められます。

　なお、ソリューションの導入と業務改革(BPR)の実施は、その順番について慎重に検討しておくことが必要です。普通に考えると、まず業務改革(BPR)を行い、見直した仕事のやり方に合わせてソリューションを導入するという手順で進めると考えがちです。しかし、この順番で進めると、見直した仕事のやり方がその自治体特有のものになってしまっていて、標準的に作られているソリューションを大幅に**カスタマイズ**しなければならなくなります。それでは結果的に費用が高額になるだけでなく、業務のや

＊**BPR**　Business Process Re-engineering の略。
＊**ソリューション**　顧客の課題を解決する手段としての製品やサービスのこと。

り方も標準化されません。

　そこで、そうした危険性があると判断される場合はソリューションをカスタマイズせずにそのまま導入し、むしろ仕事のやり方をソリューションに合わせて変えるという順番が適切です。つまり標準的なソリューションに合わせて業務改革（BPR）を行うわけです。このような順番であればカスタマイズも不要なので費用が抑えられ、標準的な業務プロセスに合わせて業務改革（BPR）を行うことも可能となります。

デジタル・ガバメント実行計画（令和2年12月25日 閣議決定）*10

2.2　業務改革（BPR）の徹底（◎内閣官房、◎総務省、全府省）

　行政手続の存在を前提とし、そのデジタル化自体が目的化すると、本来目指している「利用者の利便性向上」が二の次とされてしまうおそれがある。我が国においても、過去に、国の全行政手続のオンライン化が目的化したことで、そもそも年間利用件数が0件の手続のオンライン化や費用対効果の見合わない情報システムの整備を行い、結局、利用者の利便性向上や行政の効率化という成果が十分得られなかった。利用者中心の行政サービスを実現する上で、行政手続及びそのオンライン化はあくまで手段と認識することが重要である。

　こうした観点から、デジタル化の効果を最大限に発揮するためにも、デジタル化の目的である「利用者中心の行政サービス」等に立ち返った業務改革（BPR）及び制度そのものの見直しに取り組む。

カイゼンDXとしてのBPR、戦略的DXとしてのBPR

　BPRにも2種類あります。カイゼンDXとしてのBPRと戦略的DXとしてのBPRです。違いは、何のためにBPRを実施しようとするのか、つまりBPRの目的にあります。もし、業務の効率化を進める目的で業務改革を行うのなら、それはカイゼンDXとしてのBPRです。一方、外部環境の大きな変化に適応する目的で業務改革を行うのなら、それは戦略的DXとしてのBPRということになります。

12 改善の視点⑥ 自治体の情報システムの 標準化・共通化

政府は 2025 年度末を目標に自治体の情報システムを標準化し、具体的な標準化の手順を「自治体情報システムの標準化・共通化に係る手順書」に規定

◆ 自治体が標準準拠システムに移行する際の注意点

　行政による新型コロナウィルス感染症対策へのデジタル活用がうまく機能しなかったことに関して「**デジタル敗戦**」という言葉が生まれました。デジタル活用が機能しなかった原因として自治体システムが標準化されていないことが指摘されています。こうしたことを受けて、政府は 2025 年度末を目標に自治体の情報システムを**標準化**することにしています。

　具体的な標準化の手順に関して「自治体情報システムの標準化・共通化に係る手順書【第 1.0 版】」が総務省から公表されました[*1]。それによると、まず、住民記録、地方税、福祉など、自治体の主要な 17 業務を処理するシステムについて関係府省が標準仕様書を作成します。ベンダーは標準仕様書に準拠して開発した**標準準拠システム**を全国規模のクラウド基盤であるガバメントクラウド[*]に構築。自治体はこのシステムを利用して 17 業務を処理することになります。

　従来、自治体がシステム更改をする場合、基本的には自ら計画を立てて実施してきました。しかし、標準準拠システムについては 2025 年度を目標時期として移行しなければなりません。そこで、自治体は現在の計画を見直す必要がありうる点に注意すべきです。また、標準化対象事務の全体がシステム移行の対象となっている点も注意が必要です。さらに、現在の工程表では自治体が標準準拠システムへ移行する時期が 2023 年度から2025 年度に集中することになっています。

---

[*]**ガバメントクラウド**　政府共通のクラウドサービスの利用環境のこと。

これは自治体が足並みを揃えてシステム移行をすることで大きな効果が得られるからですが、ベンダー*のリソースにも限りがあるため自治体間で時期を調整する必要が生じ得ます。

関係府省が作成する標準仕様書には自治体の標準的な業務フローが示されることになっています。そこで、自治体が標準準拠システムに移行しようとする際には、標準仕様書に示されている**標準的業務フロー**を参考として、現在の業務フローなどを見直す必要が生じることになります。つまり、標準的業務フローに基づいて全庁的な業務改革（BPR）に取り組まなければならなくなる可能性があるわけです。標準化は単なるシステム移行ではない点に注意が必要です。

具体的な標準化の手順

自治体の主要な 17 業務を処理するシステムについて関係府省が標準仕様書を作成

ベンダーは標準仕様書に準拠してシステム（標準準拠システム）を開発

全国規模のクラウド基盤であるガバメントクラウドに標準準拠システムを構築

自治体はこのシステムを利用して 17 業務を処理する

注）「自治体情報システムの標準化・共通化に係る手順書【第 1.0 版】*¹³」をもとに作成

＊**ベンダー** 商品の販売者あるいは製造元のこと。特にシステムやソフトウェア等の IT 関連製品の販売業者を指すことが多い。

＊1 出典：総務省ホームページ（https://www.soumu.go.jp/main_content/000759084.pdf）

アイディエーションスキル

　「**アイディエーションスキル**」とはアイデアを生み出すスキルでありパーソナル DX スキルとしても重要なものの一つです。実は、アイデアはむしろリサーチを進めている間に自然と生まれてくる傾向があります。そこで、忘れないうちにメモしておくことが重要です。「ひらめきはスキルである」という書籍に「**インスピレーション**（直感や創造性、ひらめきの種）は、時間が経つと逃げてしまいます。＊」とあるとおり、アイデアは意外と消えやすいものなのです。

　アイディエーションでは「アイデアの創出」と「アイデアの選択」を明確に区別します。まず、アイデア創出段階ではできるだけたくさんのアイデアを創出するようにします。選択の幅を最大限広げておくためです。しかし、次のアイデア選択段階では大部分を捨て去る必要があります。自分が考えたアイデアには愛着があるものですが、この段階では第三者の目で厳しく吟味してアイデアを容赦なく振るい落としていきます。例えば 100 個のアイデアを考えても、使いモノになるアイデアはせいぜい 1 つあればよいほうでしょう。

　以前、IT 開発のスタートアップを起業したときの経験ですが、毎日毎日新規ビジネスのアイデアを必死になって創出していました。創出したアイデアについては先行者がいないかどうか特許情報などの文献調査をします。すると、ほぼ 100％の確率で同じようなアイデアを考えている先行者が見つかるのです。とりわけ自分でよさそうだと思ったアイデアほど類似のものが山のように見つかります。そうしたことを何年か続けるうちに「人間の考えることは案外似通ったものだ。」ということを痛感するようになりました。しかし、同時に、特定の分野について深く学び、考察を重ねるほど、より洗練された個性的なアイデアが出てくるようになることも実感できました。自らの識別能力を高めることによって初めて、筋の良いアイデアを創出できるようになるのだといえるでしょう。

＊出典：「ひらめきはスキルである」（瀬田崇仁、2020 年、総合法令出版）

3 導入事例、改善・成功事例

DX事例を検討するのはそのまま真似るためでなく、事例から導き出される成功法則を自らの自治体に応用するためです。この章は、事例の検討を通じて成功法則をつかみ取っていただくことを目的としています。

簡単に設定できるノーコードツールで電子申請サービスの利用が拡大中（北九州市）

プログラミングの知識がなくてもシステム開発が可能なノーコードツールの導入で、所管課での活用が進み、直近では毎月 200 件以上のオンライン申請フォームが公開

◆ 直感的に操作できる電子申請サービス

システム開発では、現場で運用している人がどういうシステムにしたいのか考えて自分で組むことができれば、一番思ったものに近いものが出来上がるはずです。しかし、システム開発を自力でできる人材を抱える自治体は多くはありません。そこで、多くの自治体では、まず課題を内部のシステム担当に伝え、その人が間に立ってベンダーの営業担当に仕様を伝え、さらに、**ベンダー**の開発担当が開発するという伝言ゲームになっているのが通常です。これでは、当初の課題からは遠いところの解決となってしまう可能性が高いと言わざるを得ません。

こうした伝言ゲームを解消するためには、現場で実際に事務を担当している人が、直接システムを組み立てることができるようにする必要があります。そして、そのような目的を実現するのが**ノーコードツール**＊です。ノーコードツールとは従来必要だった**プログラミング**という作業が不要な開発ツールです。通常、システムを開発するためにはプログラム言語でソースコードを作成するプログラミングという専門的な作業が必要です。そこで、これまでは現場担当者が直接システムを組み立てることは困難でした。しかし、ノーコードツールを使うとプログラムを書くことなくシステムを開発できます。つまり、プログラミングの知識がまったくない現場担当者でもあらかじめ用意された機能の範囲内であれば開発が可能なのです。

例えば、ノーコードツールである「Graffer スマート申請」の場合、初めて見た人でもマニュアルを見ながら作ることができ、慣れてしまえば30分もあれば作れ、項目の追加や変更も5分くらいでできるほど簡単です。

＊**ノーコードツール** 従来必要だったプログラミングという作業をしなくても Web サイトやアプリを作ることができるツール。

　北九州市では 2020 年 11 月に電子申請サービスを「Graffer スマート申請」に刷新して以降、手続きのオンライン化が進んでいます。

　実際に設定を行った所管課の方は「触ってみれば直感的に操作できる」と言います。所管課での活用が進み、直近では毎月 200 件以上の**オンライン申請フォーム**が公開されているとのことです。

公開されているオンライン申請フォーム数

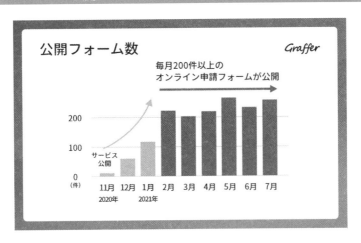

Graffer スマート申請の特徴・機能

①利便性の高いオンライン申請
　スマートフォンで完結する、利便性の高いオンライン申請

②マイナンバーカードによる本人確認
　本人確認は、マイナンバーカードを用いた　公的個人認証サービスに対応

③キャッシュレス決済に対応
　手数料の支払いが必要な手続きは、　クレジットカードを用いた電子決済（※ LGWAN に対応）

02 書かない窓口・ワンストップ窓口を実現(北見市)

「書かない窓口」と「ワンストップ窓口」の仕組みの導入は、窓口サービスの向上による来庁者の利便性改善と業務の効率化による職員の負担軽減をセットで実現

◇ 窓口サービス向上の障害を克服する手法

　市民にとって役所というもののイメージは窓口での体験によって決まります。現在でも多くの役所の窓口には何種類もの申請用紙が置かれていて、手続きのために来庁した市民はどの用紙を使えばいいのかまごつくことになります。必要な申請用紙がわかっても何を記入すればよいか不明だったり、住所や氏名など同じ内容を何枚もの用紙に記入しなければならなかったりします。こうした窓口での体験が、役所は縦割りで融通が利かないところだというマイナスのイメージにつながっているのです。

　もちろん、状況を改善しようとする職員がいないわけではありません。しかし、実際に取り組もうとすると他の職員に反対されたり、協力してもらえなかったりすることも少なくないといいます。消極的な姿勢を示す職員がいるのには理由があります。そうした職員は、新たなことを始めるのは単純に手間を増やすだけだと考えているのです。また、自分自身が来庁者の立場で手続きをする機会が少ないので市民の不便さを実感しにくいということもあります。

　北見市では、こうした職員の本音を次のように説得して変えてきました。「確かに、**窓口システム**の導入は来庁者にとって手続きが簡単になるというメリットがあります。しかし、実は手続きを簡単にすることによって職員の事務も簡素化され、負担の軽減につながるのですよ。」つまり、取り組みは**窓口サービス**を向上させるだけでなく、業務の効率化も一緒にセットになっているのだから、結果的に職員の負担軽減にもつながるのだということを理解してもらったのです。このことを本当に理解すると反対していた職員も変わり始め、取り組みに対するやる気が引き出されていきました。

　このようなアプローチで北見市では「書かない窓口(申請書の記載支援)」と「**ワンストップ窓口**(総合窓口)」の仕組みを実現することができました。書かない窓口とは、来庁者が申請書や届出書等を自分で手書きする必要が

なく、文字通り「書かない」で申請・届出ができる窓口の仕組みをいいます。窓口で職員が来庁者から利用目的や氏名・住所などを聞き取り窓口支援システムに入力すると必要な書類が印刷されます。来庁者は内容を確認して署名するだけで申請書が完成します。また、異動手続きの際には関連する手続きをシステムが判定し、自動的にリスト化します。児童手当、介護保険、障害手帳などの手続きがリストで推奨されるという仕組みです。こうすることで手続きの漏れが防止できるだけでなく、簡単な手続きであれば他の窓口を回ることなくワンストップで受付が完了できるというメリットも生まれます。

　北見市では、**窓口支援システム**の導入とワンストップ化の実現によって、例えば、住民票と所得・課税証明書であれば従来６分かかっていた手続き時間がわずか１分４０秒に短縮されるという効果が得られています。当初は反対する空気もあった取り組みでした。しかし、実際に窓口サービスが向上して市民にほめられたり、業務の効率化によって職員の負担も軽減したりする実体験によって「やってよかった」という空気に変わっていきました。こうした成功体験によって「変えていいんだ、改善していいんだ」という意識変革が実現し、自治体が内部から変わっていくのだといえるでしょう。

北見市「書かない窓口・ワンストップ窓口」

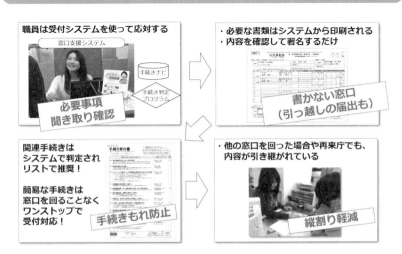

03 導入事例、改善・成功事例

観光客の市街地回遊を促進する新たな対応を多言語チャットボットで実現（富山市）

富山駅周辺に滞留する観光客をまちなかに誘導するために多言語チャットボットを導入。AIチャットに加え人間のオペレーターによる柔軟な対応により満足度アップ

◇ 利用者の約80%が満足したAIチャットボット「Bebot」

　富山は北陸新幹線もできて交通の便もよくなり、立山黒部アルペンルートという外国人に人気の観光地でもありインバウンドの旅行客の多い地域です。ところが、富山駅を起点として金沢や高山の方に流れてしまい、富山市街地まで足を運ぶという波及効果はあまりないところが長年の課題でした。外国人客は、せっかく富山駅まで来ていても駅周辺に滞留してしまっていたのです。そこで、外国人客に街中を回遊してもらうためには、しっかり情報を届けることがカギとなると考えました。もちろん、これまでもホームページやパンフレットという手段で情報発信はしていました。しかし、もっと手軽に外国人客が情報を入手でき、また、利用者の意見もフィードバックしてもらえる仕組みが必要でした。

　ここで、着目したソリューションが株式会社ビースポークの提供するAIチャットボット「Bebot ＊」です。きっかけは当時の市長が興味を持ち、トップダウンで導入を検討したことで、ちょうど観光庁の補助事業の対象にもなることから、まずは富山市で先行的事例として導入してみることになりました。

　2020年10月から英語対応の**チャットボットサービス**を開始、その後、国内客向けにGoToトラベルキャンペーンが始まったことなどもあり、日本語対応もサービスに追加しました。サービス開始後10カ月で月平均約1,100件の利用があり、利用者の約80%が満足したとのデータが得られています。また、サイトを開いた人がチャットを開始する割合である利用率も60%〜64%と高い数値となっています。

＊Bebot　株式会社ビースポークの提供する人工知能を活用したチャットボットのこと。

　導入にあたっては、ホームページ等の情報に加え、どのような情報が重要なのかを検討しました。ただやみくもに情報を入れても本当に役に立つ応答にはなりません。そこで、観光案内所に蓄積されている過去の問い合わせに関するデータを活用することにしました。こうした生の情報を入れていけば利用者が聞きたいことをダイレクトに回答できるはずです。実は、ビースポークでは実際に利用者が入力したデータをもとに内容を常時作り変えています。具体的には「最近はこういうことをよく聞かれるから最初にもってこよう」とか「これからは温泉の季節になるからご案内をしよう」などと、内容を常に入れ替えて最適化しているのです。改善作業を継続的に実施していることが高い利用率の理由だといえます。

● AI だけでなく人間のオペレーターも対応

　サービスの満足度が高い理由は他にもあります。**AI チャットボット**だけでは柔軟な対応ができない場合もあります。そうした場合、ビースポークでは人間の**オペレーター**が対応することになっています。例えば、富山市内のある施設の閉館 6 分前にチャットボットに「訪問したい」との問い合わせがありました。残念ながら AI チャットボットだけであれば「その施設はやっていません」程度の回答しかできません。しかし、その質問を人間のオペレーターが拾って「この施設は今からいけるかどうか電話で確認した方がいいです。」とアドバイスしたのです。柔軟な対応に利用者はとても喜んでいたそうです。AI だけでなく、必要に応じて人間も対応してくれるところが満足度につながっているわけです。

　もっと利用者の数が増えるとさらに進化することが期待できます。そこで、富山市では利用を増やすために、チラシやステッカーなどを街中に掲示する取り組みを進めています。AI チャットボットをより気軽に利用してもらい、データを蓄積していくことがこれからの課題といえるでしょう。

富山市における「Bebot」活用例

導入に至った経緯

年々増加傾向にある訪日客の受入環境の充実及び満足度向上を図ることを計画する中、新型コロナウイルス感染症の影響を受け、ニューノーマル・新たな観光のあり方への対応も必要不可欠となった。

課題	富山駅周辺に滞留する旅行者のまちなかへの移動促進	路面電車の魅力と利用方法の伝達まちなかの観光施設等の魅力発信
打ち手	・多言語での24時間の情報提供（当初英語のみだったが、後に日本語を追加） ・二次交通の利用方法のご案内およびリアルタイムの交通ルート案内 ・穴場情報の発信による回遊促進 ・会話型アンケート実装によるニーズの特定 ・地元事業者（宿泊施設や飲食店）への送客 ・災害やコロナウイルスに関する流動的な情報の発信	
効果	・多言語での感染症対策の周知徹底 ・コロナ対策として混雑解消を目的とした情報発信による　3密回避の実現 ・チャット履歴の分析により、回遊させるための観光客のニーズ可視化実現 ・満足度：82.04% ・利用回数：7,929	

2021年5月31日時点

プロタイピングスキル

プロトタイピングとは、解決策のアイデアを何らかの試作品（プロトタイプ）にして実際の利用者にテストしてもらい、修正を繰り返すことで成功確率を高める活動のことを意味します。その本質は、不十分であっても可能な限り早期に具体的な形にして試してみて修正を繰り返すということです。こうした**プロトタイピングスキル**は**パーソナルDX**スキルとしても重要です。つまり、仕事でも日常生活でも最初から100点満点のものを作ろうとするのでなく、不十分なものでもとりあえず具体的な形にして、それを修正していくというアプローチをとるのです。この点について「学びを結果に変えるアウトプット大全」の著者である樺沢氏は原稿を書く場面を例として「『30点の出来で、とりあえず最後まで書き上げる』ことが重要。＊」と述べ、繰り返しによって磨き上げることの大切さを説いています。

プロトタイピングスキルで最も重要なのは試行錯誤のやり方に慣れることです。例えば、資格試験の受験などで考えるとわかりやすいかもしれません。ある程度受験用のテキストを読み込んでいるのに、なかなか模擬試験を受けない受験者がいます。理由を聞いてみると「準備が完璧になってから受験したい。」というのです。しかし、現在の学習状況をテストしてみないことには、どこに弱点があるのか把握できません。弱点が把握できなければ効果的に補強して点数を伸ばすこともできないのです。

こうした誤った行動が生じるのは「テストは失敗するためのツール」だということが理解できていないためです。学生時代のテストの印象が強いのかもしれませんが、テストは良い点数をとることが目的だという先入観がいまだに抜けていないようです。しかし、現在の学習状況というのは、いわば「プロトタイプ」なのです。あくまで試作品にすぎず、テストによって修正点を見つけ出し、修正していくことこそが真の目的だと考えるとよいでしょう。

＊出典：「学びを結果に変えるアウトプット大全」（樺沢紫苑、2018、サンクチュアリ出版）

04 避難所の混み具合を市民に リアルタイムに発信（日南市）

自治体から住民に避難所の混雑状況をリアルタイムに伝えるツールの役割と同時に、
災害時に遠く離れた家族とのきずなを深める優しいツールの役割も担うシステム

◇ 簡単な方法で避難所の密な状態を回避するのが課題

　近年、気候変動の影響もあり全国で風水害が深刻化しています。毎年
のように土砂災害や河川の氾濫、浸水といった被害が発生しています。こ
うした災害は残念ながら今後も増加する可能性が高いと言わざるを得ませ
ん。災害に対して自治体では避難所を開設して対応しています。例えば、
日南市では 2020 年の台風の際に全部で３０か所の避難所を開設しまし
た。避難所はあらかじめ地区ごとに避難すべき施設が割り当てられている
わけではありません。つまり、住民は任意に避難所を選んで避難します。
従来であれば、どの避難所が空いているとか混んでいるといった情報は、
その避難所にいちいち連絡するか、あるいは実際に行ってみなければわか
りませんでした。しかし、そうした状況は住民にとって不便なだけでなく、
新型コロナウィルス感染症対策を考えると何としてでも密な状態を回避す
る必要があり、解決すべき課題でした。

　そこで、日南市が導入したソリューションが株式会社バカンのシステム
です。このシステムを導入し１１か所の避難所を登録して利用してみたと
ころ、リアルタイムで避難所の混雑状況を発信でき混雑や混乱なく避難所
を運営することができるようになりました。具体的には、各避難所を管理
する市職員や、総合的にマネジメントする本部職員によって、避難所の収
容人数に対する避難者数をみながら、「やや混雑」とか「混雑」といった
ように判断し、**クラウドベース**のシステムに情報を入力することで、その
情報を住民はスマートフォンなどで確認できるというものです。

VACANシステム画面

　台風の際に実際に活用してみたところ、2か所ほどの避難所で密の状況になりかけていることがわかりました。この情報は避難者だけでなく職員も確認できますので、近くの空いている避難所に上手く誘導することができ、密を回避することができました。従来であれば、いちいち各避難所に連絡を取る必要がありましたが、システムにより状況をリアルタイムで把握できたため、すばやく適切な対応を取ることが可能となったわけです。

　システムを利用してみて、初めてわかったこともあります。台風のとき、システムへは1万アクセスほどあったのですが、この情報を解析してみると半分が市外からのアクセスだったのです。つまり、日南市に実家があり、都市部に住んでいる親族等が市外から避難所の情報を調べて親等に連絡してあげるために利用したと推定されます。システムは自治体と住民との間のコミュニケーションを便利にするだけでなく、災害時に遠く離れた家族とのきずなを深める優しいツールともなりうることを証明する結果だといえます。

05 子育てイベントへの参加者が 4割増加、継続希望率も98％に！ （神戸市長田区）

「頻繁に地域で行われている良い活動の認知度が低い」という課題に対し、イベントの チラシを撮影し投稿するソリューションでチラシを見える化して解決

◇ イベントのチラシを見える化する「ためまっぷ」

　　住民の自主的活動として行われる**地域イベント**などの主催者は参加者を 集めるために紙のチラシを配布したりネットで発信したりしています。し かし、神戸市長田区の場合のように「頻繁に地域で行われている良い活動 の認知度が低い」といった課題を抱えている自治体は少なくないものと推 測されます。また、参加したいと考える住民にとってもチラシの設置場所 まで取りに行く時間がないとか、スマホでいくら探しても出てこないといっ た不便さがありました。

　　開催されるイベントは、子育て世代向け、その地域に出店したい若者や 介護を必要としている家族向け、災害のときなど、住民間の様々な互助に 関わるものが無数にあります。そうした取り組みは残念ながら埋もれてし まい、本当に必要としている住民には届かないのです。これは莫大な機会 損失といえるでしょう。

　　長田区では、特に、子育て世代向けのイベントについて、区内で多くの イベントが開催されているにも関わらず、対象となるパパママにあまり知 られていない状態でした。アンケートを実施したところ「区内で行われて いる子育てに関するイベント」についての情報を求める声が多い状況だっ たのです。

　そこで、イベントのチラシを見える化できる「ためま株式会社」の「**ためまっぷ**」を採用。さらに自治体が運営しやすいように情報管理やお知らせ機能などの管理システムを加えた「ためまっぷながたモデル」を同社と共同開発しました。

　ためまっぷは、チラシを撮影し投稿するというシンプルかつ簡単な方法で広報ができるソリューション。取り扱いが簡単なので投稿者である地域イベントの主催者や利用者である地域住民にとって便利なツールです。実際、長田区における1年間の実証実験では、子育てイベント参加者は4割増加、継続希望率も98％と想定以上の結果が出ました。

　長田区の担当者は「地域の人が自分たちの活動のPRを行政に任せるのではなく、自分たちでアピールして集客できるシステムができたことは、地域にとっても行政にとってもいいことです。」と語ります。なぜなら、自ら主体的に取り組むことで活動への想いも強くなるからです。現在ではためまっぷながたを工夫して使っている投稿者も多く、イメージ写真の投稿や、天候などによる緊急連絡に利用されるなど、たくさんの目的で使われています。

ためまっぷ

06 負荷の大きかった住民税資料併合処理の業務をAIの導入で6割削減（東京都練馬区）

AI導入で心配だった業務負担の増加もなく、従来大きな負荷のかかっていた資料併合処理のエラーリスト確認業務を6割削減することに成功

◇ 住民税賦課AIによる住民税資料併合処理の負担軽減

　　東京都練馬区には、住民税の賦課業務を行う上で必要となる資料併合処理の負担が大きいという課題がありました。資料併合処理とは、住民税の計算に必要な確定申告書や給与支払報告書などの課税資料を一本化して必要な情報を取りまとめる処理のことをいいます。一本化する際に資料間に矛盾が生じたりした場合、それらをすべて確認しなければならず、その負担が重くのしかかっていました。しかも、単純に人員を増やせば対応できるというものでもありません。なぜなら、矛盾の原因はさまざまであり、その原因に行き当たるまでにかかる時間は職員の業務経験によって異なるからです。この業務にきちんと対応できるようになるには配属後4年ほどかかってしまいます。しかも、自治体は異動が多く、毎年税務課の職員の約3割が異動するため、結果的に一部のベテランに大きな負荷がかかっていました。もちろん、これまでも手をこまねいていたわけではなく、業務に優先順位を付けたり、内容の難易度に応じて職員の経験年数で業務を振り分けたり、スケジュールを見直したりと工夫を凝らして効率的な方法を模索していました。

　　そうした中、練馬区の基幹システムの開発を担当する富士通Japan株式会社に負担軽減の方法を相談したところ、AI導入の提案があったので一緒に実証実験を行うことになりました。もちろん、AI導入という前例のない取り組みに対して心配がなかったわけではありません。特に気になったのは実証実験をすることで業務の負担が増えてしまうことでした。そこで、この点について富士通Japanに配慮を求めたところ、新たな負担が極力発生しないような方法で対応してもらうことができました。

　具体的には、従来から利用していた富士通 Japan の「**MICJET** ＊（ミックジェット）」という税務情報システムの追加機能というかたちで、AI による一歩踏み込んだアドバイスを得られるようにしたのです。

　この**住民税賦課 AI** は次のようなやり方で利用します。年1回実施される資料併合処理において MICJET が矛盾を検知してエラーリストを出力します。エラーリストの出力自体はもともと MICJET にあった機能です。そのエラーリストに出力されるエラーメッセージを AI が判定して「ここの項目が怪しい」とか「これをこのように直せばいいんじゃないか」といったヒントをコメントの形でリストに追記します。税務課ではこのエラーリストを印刷して紙帳票のかたちにして職員が確認するわけです。

　AI の導入に関して、最初はニュースなどで耳にしている AI と自分たちの業務とが結び付かず、あまりピンとこなかったといいます。そうした状態が変化したのは、導入に際して富士通 Japan からヒアリングがあり、それに職員が協力する過程で自分たちのやるべきことが明確になっていったからです。また、税業務への AI 導入が現状の業務の延長線上にあり、しかも業務量が増えなかったこともすんなり導入できた理由でした。AI 導入によって、練馬区では資料併合処理のエラーリスト確認業務を6割削減することに成功しました。それだけでなく、AI によって優先順位を決めることがとても容易になったことも導入したメリットでした。AI が、修正が必要なものと修正不要なものを判断し振り分けたうえで、修正が必要なもののみを職員が確認し、さらにエラーごとに AI が処理方法をレコメンドしてくれるので、処理効率が格段にアップしたのです。

＊**MICJET**　富士通 Japan 株式会社が提供する住民情報ソリューション

データとしていろいろな情報をAIに取り入れることができるようになれば判定精度が高くなったり、いろいろな判定ができるようになったりするのではないかなどと、練馬区では今後もさらにAIの活用を進めていければと期待しています。

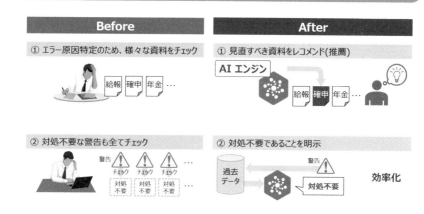

 自治体がWebサイトで提供するコンテンツ

　自治体がWebサイトで提供するコンテンツには2種類あります。一つは自治体が住民に周知したいと考えているものです。これを自治体中心コンテンツと呼ぶことにします。このコンテンツは住民にとっても大切な情報である場合が多いでしょう。しかし、あくまで住民が探している情報かどうかとは無関係な点が特徴です。これに対して、もう一つは住民側が探しているものです。これを住民中心コンテンツと呼ぶことにします。こちらは自治体が積極的に住民に知って欲しい情報かどうかとは無関係な点が特徴です。自治体のWebサイトへの来訪者を増やすには、これら両方のコンテンツをバランスよく提供することが重要です。

07

5市村で住民情報系42業務を共同化し、10年で46億円削減(三条市)

新潟県内の28の市町村が集まって設立した情報システム最適化研究会の成果として、三条市を含む5自治体では共同化による大幅なコスト削減に成功

◇ 共同化のために研究会を設立

「住民の血税を考えれば、やらない理由はない～各種情報システムの共同化と新たなサービスの実現～」これは三条市の総務部情報管理課が作成した説明資料のタイトルです。このように三条市では、システムの経費が高くついていて何とかしたいと考えていました。同じような課題は周辺の市町村でも抱えていて、共同化することで解決できるかもしれないということで**共同研究**が始まりました。

県内にある30市町村のうちの28の市町村が集まって新潟県市町村情報システム最適化研究会が設立され、内部に検討グループが組織されました。検討グループは住民情報系、内部事務系、手続き系の3つに分かれていて、市町村ごとに、システムの更新時期が近いとか、このテーマなら共同化に乗れるといったそれぞれの自治体の事情に合わせて各検討グループに参加しました。なお、手続き系とは電子申請や施設の予約システム＊といった市民が直接かかわるものを意味します。

研究会では各種の研修が行われました。毎年、国の動向や参加市町村へのアンケートなどによって研修テーマを決め、例えば、先進自治体の職員を招いて共同化や自治体クラウドについて話してもらったり、新しい制度が始まるときには国から担当者に来てもらって説明を受けたりしました。具体的な例として、共同化について先進自治体である山形県から担当者を招いて、共同で **ASP** のシステムを利用しているといった話を聞いたりしました。

こうした取り組みの成果として、三条市、長岡市、見附市、魚沼市、粟島浦村の5つの自治体で、住民情報系42業務を対象としてシステムを共同化することができました。5団体10年間で約50％のコスト削減率を達成していて、これは金額にすると約46億円の削減になります。

＊**予約システム** 施設の予約などの業務を一元管理できるシステムのこと。

また、その他の成果として、**財務会計等システム**について別の枠組みで6団体による共同化も行っています。この6つの自治体はちょうど財務会計等システムの更新時期が来ていたので共同化の話がすんなりまとまり、結果として全団体平均で約65％のコスト削減率を達成しています。

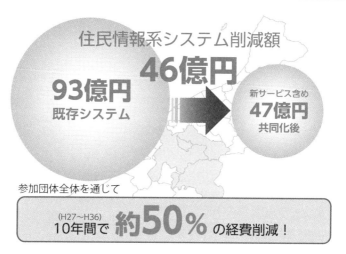

注）「三条市総務部情報管理課資料」より

◇ 共同化の取り組みで市町村間のつながりが生まれた

　「共同化」については国の推し進める施策との関係を考慮する必要がありますが、今後、自治体情報システムは、国が作成する標準仕様に基づいてベンダーが開発した標準準拠システムを自治体が選ぶという仕組みになっていく予定です。またその上で、システムが稼働する**データセンター**＊などの**インフラ基盤**となるガバメント・クラウドを国が整備し、全国の自治体が共同利用する予定となっています。その意味では個々の自治体同士が集まって共同化に取り組む必要はなくなるようにも思えます。

＊**データセンター**　サーバーやネットワーク機器などを収容するための特別な施設のこと。

　しかし、例えばシステムはベンダーが開発して提供してくれるとしても、運用保守については各自治体が求めるところは異なっており、共同化によって費用の低減が見込める可能性があります。また、国が進めている標準化は17業務ですが、現場の業務としてはそれだけでは足りません。さらに自治体によっては独自の業務を抱えているところもあります。こうした類似のニーズを持つ自治体同士が集まって共同化することで**コスト削減**できる余地は残ると考えられます。

　それだけでなく、実は共同化には別のメリットもあります。近隣の市町村とはいっても従来は気軽に職員同士が話せるような関係性はありませんでした。しかし、共同化の取り組みを通じてつながりが出来た点が大きな収穫でした。例えば、システムの構築にあたって、各業務担当者間で「うちはこういうふうに対応している」といった話ができるようになったのです。隣の市がやっているなら自分の市でもできるんじゃないかというように、良いところは真似ることもできます。また、新しい制度が始まるときには、三条市ではこういうふうにやろうと考えているが、そちらの市ではどうですかと気軽に相談できる雰囲気もできたのです。以前は相談するところがなく、国からの資料を見ながら内部の職員だけであれこれ考えていたのですが、今では他の自治体の担当者に相談して確認できるようになりました。さらに、仕事のやり方についてだけでなく、**アウトソーシング**も共同で出来るのではないか、安くなるのではないか、そういった新しい共同化の話もできるようになりました。

　県内自治体の多くは財政状況が厳しく、情報システムの導入・運用経費等は大きな負担となっているところ、研究会の研修等を通して、担当職員にもコスト削減意識が浸透してきました。そうした背景から始まった情報システム共同化の取り組みですが、近隣市町村間のつながりという新たな価値を生み出すことにも成功しているといえるでしょう。

経費の削減

割勘効果がはたらき、システムの導入・運用経費を大幅に削減

業務の軽減

システムを集約・共同化することで、管理運用に必要な人員や業務負担を軽減

業務の標準化

他自治体と一緒になってシステムを導入することで、業務を見直し、標準化

住民サービスの向上

浮いた資源を住民サービスの向上に回す

セキュリティの向上

24時間365日の監視、厳重な入退館管理等により、高いセキュリティが確保

災害対策の強化

耐震・耐火構造等のデータセンターを利用することで、災害時データを保存
庁舎倒壊等で、他団体の庁舎・副回線の借用、同一システムで業務支援も可能

サポートの強化

質の高いサポートが実現し、安定可動にも寄与

自治体間の知識補完、支援

情報管理部署及び業務主幹部署での情報交換が活発化し、相互支援にも寄与

注)「三条市総務部情報管理課資料」より

コラム 自治体のWebサイトへの来訪者を増やす方法

　自治体においても最近はWebサイトの見栄えがよくなり、随分利用しやすくなりました。インターネットを利用する人が増え、Webサイトがどういう価値を持っているのかが住民や職員にもある程度理解されるようになったからだといえます。しかし、残念ながら思ったほどWebサイトへの来訪者が増えない自治体も多いのではないでしょうか。それは、**Webマーケティング**を考慮していないことに原因があります。来訪者を増やすにはWebサイトの見た目を良くするだけでなく、Webマーケティングについても配慮することが必要です。

08 請求プラットフォームの活用で対象業務の約71.5%が削減可能と判明（横須賀市）

横須賀市は請求業務のデジタル化を進める場合の効果や課題等を具体的に把握するため、行政あて請求プラットフォーム「Haratte」を用いた実証実験を実施

◇ 自治体内部と外部の両方をセットで段階的にデジタル化

　自治体の請求関連業務を効率化するためには、今後、業務のデジタル化を進める必要があります。そして、デジタル化を実施した場合、どんな効果や課題が生じるのか、業務見直しのポイントは何か事前に検証しておかなければなりません。こうした目的を持って横須賀市は**請求プラットフォーム**「**Haratte**」を用いた実証実験を行いました。

　Haratteは、株式会社AmbiRiseが開発した行政あて請求プラットフォームです。このソリューションは「QRコードによるデータ連携」を活用し、現状を大きく変えることなく、請求書の発行・受け取りを段階的にデジタル化できるところに特徴があります。開発したAmbiRise代表取締役CEO兼CTOの田中氏は札幌市役所職員の経歴があり、行政の中にいてシステム刷新に尽力してきた人物です。それだけに、行政の現実をしっかり踏まえた開発を行っています。田中氏は「自治体はできる理由よりもできない理由をいかに減らすかが導入のカギ」であり「できない理由を取り除くことが現実的」と語ります。

　自治体の多くは財務に関する内部事務を紙でやっていますが、デジタル化したいと考えている自治体は少なくありません。ところが、現状のままで内部事務をデジタル化すると紙をスキャンすることになり、かえって手間が増えます。こうした事情から、そもそもデジタル化が進まないことや、すでにデジタル化した自治体でも手間がかかるのでシステムを使用しないことが多いのです。つまり、情報の発生源がデジタルにならないと、デジタル化することでかえって手間が増えるわけです。特に請求業務の場合、現状では外部の事業者から紙の請求書が送られてきます。

そこで、自治体の内部だけでなく関連する外部についてもセットでデジタル化することが必要です。こうすることで「できない理由」を一つ取り除くことができるからです。

　この点、Haratte ＊は自治体内部と外部の両方をセットで段階的にデジタル化できる仕組みとなっています。紙をベースとして請求情報をやり取りしている段階ならば事業者は Haratte を利用して請求書を発行・印刷します。この請求書には請求情報を含んだ QR コードが掲載されていて、受け取った自治体はスキャナ等で**QR コード**を読み取りデータ化する仕組みです。スキャナによる電子化の手間は増えますが、QR コードから読み取ったデータを活用することでシステム入力の効率化を図ることができ、トータルで手間を減らすことができます。さらに、PDF データを利用して請求情報をやり取りする段階になっていれば、事業者は Haratte を利用して請求書を発行し PDF 化します。この請求書には請求情報を含んだ QR コードが掲載されていて、**PDF** 化した請求書を電子メールで自治体に送るわけです。PDF ファイル＊を受信した自治体は連携ツールで QR コードの請求情報を読み込みデータ化します。そして、最終段階では請求情報が完全デジタル化され、事業者が請求情報を Haratte のシステムに入力するだけで請求が可能となります。自治体は Haratte 連携ツールにより直接請求情報をデータで受け取ることができるようになります。

　横須賀市の実証実験では、Haratte を活用することにより全支出件数の約 57％（約 6 万 2 千件）を業務効率化の対象とし、対象業務について約 71.5％、年間約 3,848 時間の業務時間が削減可能となることが分かりました。実証実験により請求業務の電子化を進める場合の「効果」に加え、「課題」「業務見直しのポイント」なども具体的に把握することができ、今後のデジタル・ガバメント推進につながる成果を得ることができたと横須賀市は評価しています。

＊**Haratte**　株式会社 AmbiRise が開発した行政あて請求プラットフォーム。
＊**PDF ファイル**　米国アドビシステムズ社が開発したファイル形式によるファイルのこと。

行政あて請求プラットフォーム「Haratte」

請求書発行サービス **Haratte** のしくみ

「QRコードによるデータ連携」を活用し、現状を大きく変えることなく、請求書の発行・受け取りを段階的にデジタル化できます。

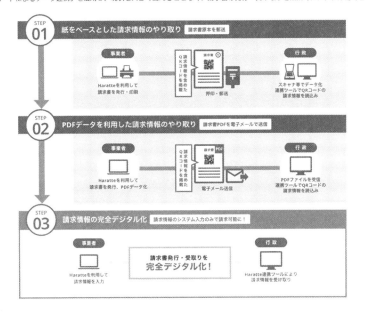

コラム	# 自治体によるコンテンツ マーケティング

コンテンツマーケティングとは Web マーケティングの一つの手法です。Web マーケティングは Web を利用して来訪者を増やす様々な手法全体を意味します。これに対してコンテンツマーケティングは有益な情報を提供することで来訪者を増やす手法です。自治体がコンテンツマーケティングを活用するには来訪して欲しい住民が本当に必要としている情報を含んだ多様なコンテンツを制作して提供することが必要です。

ピボットスキル

　何かに一所懸命に取り組んでいても成果が出ないことはよくあります。「もうひと頑張りすれば・・・」とも思うのですが、一方で「そろそろ対象を変えた方がいいのでは？」という迷いも出てきます。こうした迷いは個人でも組織でも同じように生じてくるものです。そこで、第4章で説明する「リーン・スタートアップ」では方向転換のスキル、すなわち**ピボットスキル**を重視しています。

　ピボットについて「リーン・スタートアップ」の著者であるエリック・リースは「方向転換する場合、それまでに学んだことの上に片足を置いたまま、戦略を根本的に見直して検証による学びをいままで以上に得られるようにしなければならない。＊」と述べています。つまり、重要なことは「何を残し、何を変えるか。」を的確に判断することです。例えば、何か技術を習得するために練習しているのなら、その分野で上手くいかないからといって、まったく異なる技術分野に方向転換するのは不利です。方向転換するにしても、これまで習得してきた技術の一部でも活かせる分野が選択できないか十分に考えてみる必要があります。また、方向転換は単なる思い付きでやるべきではなく、それまでの取り組みのどこに問題があったのか仮説を立ててそれを検証するという手順が重要です。

　筆者と同じ時期に起業した起業家の中に、一時大成功を収めた起業家が2名いました。それから約10年が経過しましたが、やはり方向転換の問題で躓き、1社は倒産し、もう1社は成長できずに衰退しています。倒産した起業家は検証による学びがうまく機能せず、唐突な方向転換を繰り返すことで窮地に陥ってしまいました。また、衰退状態に陥った起業家は最初に開発に成功した製品にこだわり、何とか用途を変えることで成長しようとしましたが、上手くいかなかったようです。ピボットスキルは個人にとっても組織にとっても極めて重要なスキルであるといえるでしょう。

＊出典：「リーン・スタートアップ」（エリック・リース、2012、日経BP社）

スマホからもネット投票が可能な仕組みをVOTE FORが実証（つくば市）

将来的に公職選挙にインターネット投票を導入する場合の課題を明らかにするために、スマートフォンとマイナンバーカードを使ったネット投票システムを検証

◆ よりよい選択を可能にするネット投票システム

　株式会社VOTE FORは、茨城県つくば市において、「つくばSociety5.0社会実装トライアル支援事業」の最終審査会をフィールドとして、スマートフォンと**マイナンバーカード**を使ったインターネット投票に関する実証を行いました。この事業では全国からエントリーしたたくさんの提案について、毎年5件程度のトライアル案件を採択します。その選考の最終審査に一般人も参加できる仕組みとしてインターネット投票を導入して検証を行ったのです。検証の目的は将来的に公職選挙にネット投票を導入する場合の課題を明らかにすることにありました。

　そもそもなぜネット投票が重要なのかということについて、VOTE FORの代表取締役である市ノ澤氏は次のように説明します。「現在の公職選挙の制度では投票機会が平等ではないため同じ人が投票し、同じ人が連続当選する傾向があり、候補者の緊張感が薄れてしまいます。そこで、ネット投票を導入するとこれまで投票できなかった人たちも投票するようになり、別の人が当選する可能性が高まります。そのことで有権者と候補者のよりよい緊張感が生まれるのです。」もちろん、有権者がよりよい選択をするためにはネット投票という投票環境の整備だけでは足りません。「投票できる環境に加えて公共分野に関する正しい情報があってこそ、前回よりも今回、今回よりも次回と、よりよい選択を有権者がしていくことができます。」と市ノ澤氏は語ります。公共分野に関する正しい情報を集約し、政治家と国民の情報発信および交流を促すために、VOTE FORでは「政治山」という政治・選挙プラットフォームも運営し、情報発信を行っています。**VOTE FOR**がつくば市に提供したネット投票は、マイナンバーカードとの連携で手軽に個人認証ができるxID株式会社の「**xID**」を使用したシステムです。

実際の投票は次の4ステップで行います。

[ステップ1]：iOSまたはAndroidのアプリストアにて「xID」をダウンロードし、初期設定を行います。※マイナンバーカード連携は同アプリ側で設定することで、公的個人認証と同レベルの認証が可能となります。

[ステップ2]：特設ページにアクセスし、「xID」に設定したメールアドレスを入力します。

[ステップ3]：「xID」を起動し、コード認証を行います。

[ステップ4]：投票画面で候補を選択して投票します（一人一票、同一IDより再投票が可能）。

ネット投票システム

以下のようなステップで、大凡1〜2分で、スマートフォンだけで投票が可能です。

将来的にはネット投票の仕組みが公職選挙に実用化されることが予想されます。もっとも、それまでの期間であっても自治体で活用することは可能です。実際、VOTE FORでは学校の生徒会選挙や自治体の実施するコンテストなどにネット投票システムを提供する取り組みを積極的に行っています。ネット投票という前例のないことに対して自治体に抵抗感があることは理解できます。しかし、前例のないことにもトライアンドエラーでチャレンジするという意識改革が自治体DXの成功には必須といえるでしょう。

10 ノーコードツールの導入で 素早く業務改善が可能に！

従来のソフトウェアならツールの開発には1〜2週間はかかるところ、ノーコードツールを使うとより短期間で作成可能

◇引継ぎリスクがないノーコードツール

　自治体職員は短期間で部署を移動することが多いため、ExcelマクロやAccessなどで作られたツールには引継ぎリスクが伴います。なぜなら、そうしたソフトウェアを使いこなすためには一定の時間がどうしても必要であり、既に作られたツールについても作成者しか対応できないといった弊害が多々あるからです。さらに、Excel*やAccess*を利用していてファイルが壊れる事例もあり、データ損失リスクの回避も考慮する必要がありました。

　川口市では、こうした問題の解決手段を検討する過程でノーコードツールである「kintone」の利用について検討を進めていたところ、突如として新型コロナウィルス感染症が発生。そこで、急いで「川口市小規模事業者等事業継続緊急支援金」の事業を対策として実施することになりました。しかし、申請件数は全体で1万5千件ほどあり、これをExcelで処理すると重くなります。また、ExcelやAccessでの対応では効率的な管理が難しいため、kintone*の導入を前倒しで決定しました。

　ツールの作成は、ネットに公開された動画やドキュメントで作り方を学べるようになっているので簡単でした。仮に同じツールをAccessで作るとなると頑張っても1〜2週間はかかるはずです。ところが、kintoneを使うと最初のアプリを2日ほどで作成。コツを覚えてからはさらに効率的に作れるようになり、短いものでは1日、長くても3日で作れるようになりました。これならば、プログラミングの知識のない情シス部門以外の部署でもアプリを容易に開発できるはずです。

---

*Excel　マイクロソフト社が開発・販売している表計算ソフト。
*Access　マイクロソフト社が開発・販売しているデータベースソフト。
*kintone　サイボウズ株式会社が開発・販売しているクラウド型業務アプリ開発プラットフォーム。

この取り組みでは進捗状況を確認したい市民が進捗確認サイトで24時間調べられるようになっていて、従来多かった電話による問い合わせを削減する効果がありました。実際、電話対応の負担は半減しています。もちろん申請者にとっても電話で問い合わせると調べてもらうのに5〜10分ほど待たされるところ、サイトを紹介してもらうだけで用が済むので1分で終わるというメリットが生まれました。短時間でツールが作成でき、アイデアをすぐ形にできるkintoneは住民だけでなく職員の負担も減らし、より政策的な業務に専念できる余裕を作り出すことが期待できそうです。

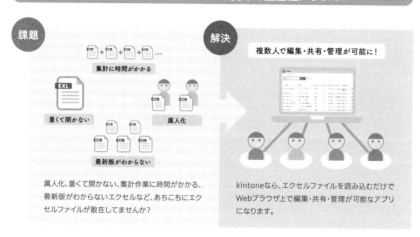

散在するエクセル管理からの脱却で生産性アップ！

課題

集計に時間がかかる

重くて開かない

属人化

最新版がわからない

属人化、重くて開かない、集計作業に時間がかかる、最新版がわからないエクセルなど、あちこちにエクセルファイルが散在してませんか？

解決

複数人で編集・共有・管理が可能に！

kintoneなら、エクセルファイルを読み込むだけでWebブラウザ上で編集・共有・管理が可能なアプリになります。

11 高齢者の介護やヘルスケアに対する横浜市の先進的な取り組みを下支えするUXP（横浜市）

横浜市は多様な主体がお互いにプライバシーを尊重しながらデータを共有して連携していくためのプラットフォーム「UXP」で先進的な取り組みを実現

◆ 新しいケアの仕組みを作る取り組み

　横浜市は378万人の市民を抱える基礎自治体の中で最も人口規模の大きな自治体です。同時に、2025年には全人口のうち65歳以上の高齢者人口が約100万人になると推計され、急速に高齢化が進行しています。また、世帯の単身化も急速に進んでいて、高齢者の社会的孤立が大きな課題になっています。昔は高齢化した親を家庭で介護する、看取るというのはごく普通のことでした。しかし、今は家族によるセーフティネットはあまり期待できなくなっています。つまり、介護やヘルスケアのあり方が従来のままでは、増加する高齢者をとても支えきれなくなっているのです。横浜市では、こうした差し迫った状況に対し、地域の企業、NPO、大学などの多様な民間主体と行政が緊密にコミュニケーションを取りながら介護の**オープンイノベーション**＊を推し進め、これまでにない新しいケアの仕組みを作る取り組みを行っています。

　こうした取り組みの一つが、地区全体で高齢化が急速に進む緑区竹山団地における**ICT**＊を活用したヘルスケアと新しいつながり作りの取り組みです。竹山団地では、団地内にある竹山病院が中心となり、新型コロナウィルス感染症の影響等により孤立する竹山団地に住む高齢者に対し、ICTを活用して対面ではないやり方でコミュニケーションの場を作る取り組みを行っています。具体的には、高齢者にもスマホを使えるようになってもらい、スマホをプラットフォームにしてオンラインでコミュニケーションできるようにしたのです。

＊**オープンイノベーション**　新製品や新技術の開発を行う場合に、自らの組織だけに拘らず、広く外部の組織等の知見や技術を取り入れようとする手法。

＊**ICT**　Information and Communication Technology の略。

高齢者には専用のスマホアプリ「私の健康カルテ」を使ってもらいます。このアプリで高齢者が食事の情報を日々記録しておくと、かかりつけの病院に来院した際に、その情報を医師が問診で活用することができます。情報は医者だけでなく家族、薬剤師、コミュニティナースにも共有され、対面でなくてもお互い安心して健康管理ができる仕組みが構築されたのです。

　実は、技術的な観点からはこうした仕組みの構築は簡単なようで大変な困難さが伴います。オンラインで情報をやり取りするということは、インターネット回線を通じて情報が流れることを意味します。ところが、インターネット回線では情報の盗み取りや攻撃が日常的に発生しています。また、情報は市役所、病院、薬局、介護事業者など別々のところに保管されています。このように散在する情報についてセキュリティを確保し、プライバシーを保護しながら安全にやり取りする仕組みを実現するのは容易ではありません。こうした場面で利用できるソリューションが、富士ソフト株式会社が提案する **UXP** ＊です。

　UXP は、オプトインで許可された利用者のみが、複数の組織が保有するデータをそのままの状態で安全に取り出すことを可能にします。このソリューションを利用することで、高齢者は、スマホアプリを介してご家族や医者・薬剤師、コミュニティナースなどと情報を安全に共有できるのです。

　横浜市では UXP を「多様な主体がお互いにプライバシーを尊重しながら、データを共有して連携していくための非常に重要なプラットフォーム」と位置付けています。UXP という安全にデータをやり取りできる先進的なテクノロジーが下支えしているからこそ、横浜市の先進的な取り組みが実現できているといえるでしょう。

＊**UXP**　Unified eXchange Platform の略。

データ連携基盤

様々な住民サービスをもたらすデータ連携基盤の活用
データ連携基盤が提供する機能により本人同意に基づき安全にデータを連携させ、
新たな住民サービスの創出が可能となる。

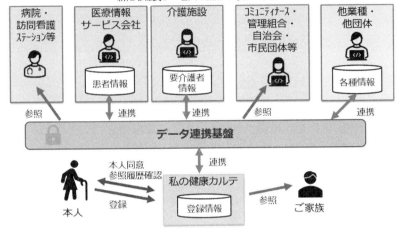

注）UXP（Unified eXchange Platform）は Cybernetica AS 社の開発した商標登録製品です。

12 BLEデバイスを活用し子どもたちを地域一体で見守るタウンセキュリティ(箕面市)

子どもたちが持つ小さな BLE デバイスからの信号を地域に設置された見守りスポットや見守りアプリをインストールしたスマホなどがキャッチすることで位置を特定

◇ 地域一体で作り上げる見守りネットワーク

　箕面市はもともと防犯意識の高い自治体であり、小・中学校では校門をくぐったところで登下校を検知するシステムを以前から導入していました。また、市内の通学路上に防犯カメラも多数設置していたのですが、どうしても死角となるところが生じるので何か補完する仕組みがないか探していました。自治体では新しい仕組みを導入する際に苦労するのが予算の確保ですが、株式会社 otta(オッタ)が提供している IoT を活用した**見守りサービス「otta タウンセキュリティ」**であれば低コストでインフラ整備が実現できることから、導入できそうだということになりました。

　otta タウンセキュリティ * では、まず子どもたちにキーホルダー式の小さなデバイスを配布し、それをアクセサリー的にカバンに付けてもらいます。デバイスは **Bluetooth** * (ブルートゥース)の規格の中でも特に低電力消費・低コストの規格である BLE という通信方式のものです。子どもたちには学校を通じて無料でデバイスが配布されます。このデバイスを持った子どもたちが市内に設置された基地局である検知ポイントの近くを通過すると、デバイスから発信される信号がキャッチされ位置情報が分かるという仕組みになっています。検知ポイントとしては固定式の見守りスポットだけでなく、見守りアプリをインストールしたタクシーや住民のスマホなどがあります。見守りアプリをアクティベートしている住民は「見守り人」となり、普段意識せず、街中に買い物等に出かけるだけで、地域の子どもたちを「ながら見守り」できます。つまり、この仕組みは自治体だけでなく多くの住民の協力があって初めて成り立つものなのです。

＊**otta タウンセキュリティ**　株式会社 otta(オッタ)が提供している IoT を活用した見守りサービス。
＊**Bluetooth**　近距離でパソコンやスマートフォンなどの情報機器の間を無線で接続する通信技術。

　検知ポイントを通過するときにデバイスが反応し、月額有料サービスとして、保護者のかたのアプリで位置を確認し、通知を受け取るという仕組みが基本です。なお、無料利用でもセーフティネットとして最低限のサービスを提供しており、保護者のかたがアプリの地図上で位置を確認することはできませんが、いざというときは教育委員会や学校に照会することで子どもがどこに行ったか知ることができます。例えば、箕面市の担当者によると「学童保育に行っている子どもが帰ってこないという通報があり捜索したときに、ottaタウンセキュリティによって子どもを発見できたという事例があり、有効に活用できていることを実感する」と高く評価しています。

　費用面についてもottaタウンセキュリティは自治体の負担を大きく削減しています。毎年の新入生分含めてデバイスを配布するコストは民間企業にて賄い、子どもたちに無料で配布します。つまり、自治体はデバイス費用を負担する必要はありません。では、自治体はどんな役割を担うのかというと、住民にこのサービスを広める役割が期待されています。例えば、箕面市では入学説明会などの機会を捉えて子どもたちにデバイスを持ってもらえるように保護者のかたの理解を得る活動を行っています。さらに、見守りスポットの設置施設を増やすことや、**見守りアプリ**をインストールしてもらえる協力者を増やすための啓もう活動も自治体の役割です。このように、ottaタウンセキュリティは自治体だけでなく地域住民や企業などを巻き込んで地域一体で作り上げる見守りネットワークです。

はじめてのDX！どう進めればよいか？

　行政サービスの向上や業務の効率化を進めるためにデジタル技術を活用するという動きは日に日に大きくなっています。そこで、そろそろ本腰を入れようと考えている自治体も少なくないものと思われます。そうした自治体にとって一番困るのは、まったく経験がないので一体何から手を付ければいいのか見当もつかないということです。DXで失敗する典型例は、経験がないのに巨額のシステム開発にいきなりチャレンジしてしまうことです。そんなやり方では失敗する可能性が極めて高くなります。経験がなくDXをあまり理解できていないのなら、少しずつ経験を積み重ねていくスモールスタートがおすすめです。

　DXのスモールスタートとしては、カイゼンDXの手法で身近な課題に取り組むというのも一つのやり方です。カイゼンDXとは、従来の活動を維持したまま効率化する取り組みのことをいいます。従来の活動をまったく別のものに大胆に取り換えるといったハードルの高いことをやらなくてよいので、DX未経験の自治体にとっては安全です。

　スモールスタートの第一歩は、自分たちの従来の活動に無理なく導入できそうなソリューションについて広く浅く知識を増やすことです。ポイントは「広く浅く」というところです。ここで避けたいのは特定のベンダーだけに頼ってしまい、結局大規模な開発に誘導されてしまうこと。ベンダーは営利企業ですからチャンスがあれば自社に都合のよい方向に誘導しようとします。しかし、そうした事態は避けなければなりません。

　ある程度ソリューションに関する知識が増えてきたら、適用できそうな課題をリスト形式で拾い出します。その中から着手する課題を選択するわけですが、その際のポイントはできるだけ負担感なく取り組める軽い課題を選ぶことです。また、いきなり全庁で一斉に導入するのでなく、一つの部署だけでテスト的に実施するようにします。こうした取り組みを通じてDXについての理解や経験をできるだけ多くのメンバーに共有してもらうことが重要です。同時に、中心メンバーは本格的なDXのことを常に意識することも忘れてはなりません。

4 成功するプロジェクトの進め方

DXプロジェクトには通常のプロジェクトと異なり「わからないことを探索する。」取り組みだという特徴があります。この章では、DXプロジェクトの特徴を踏まえて成功させるためのポイントを見ていきます。

何のためにやるのかを共有
（北見市の取り組み）

北見市が先進的な取り組みに成功できた理由の一つは事業目的を早期に皆で共有できたことであり、そのきっかけは「新人職員が市役所窓口を利用してみたら実験」

❖ 改善の必要性を共有することが先進的な業務改善につながる

　北海道北見市は窓口サービス改善に取り組み、いち早く「**書かない窓口**」を実現したことで多数のメディアに取り上げられている先進的自治体です。「書かない窓口」とは、住民異動の届出などの際に北見市が独自開発した「**窓口支援システム**」を利用することで来庁者が届出書等の書類を手書きしないで手続きを済ませることができるサービスのことです。具体的には、窓口の職員が来庁者から必要事項を聞き取り確認すると届出書等の書類がシステムから印刷されるので、来庁者は内容を確認して署名するだけで手続きできる仕組みとなっています。

　北見市が先進的な取り組みに成功できた理由は一つではありませんが、特に重要なものとして事業目的を早期に共有できたことが挙げられます。北見市では事業目的を早期に共有するために「新人職員が市役所窓口を利用してみたら実験」を 2012 年に実施しています。これは、市役所の業務に慣れていない新人職員に窓口サービスを体験してもらうという取り組みです。実験の結果、課題をはっきりと理解できただけでなく、利用者目線で考えることの重要さについても実感することができました。例えば、新人職員にとっては記載台や申請書を探すこと自体ががかなり大変なことだとわかりました。また、申請書を手書きする方式の場合、手書きで記入した申請書を窓口の職員が確認し、違うところがあれば書き直して再度確認してもらうという手間を繰り返すことになります。こうした大変さは来庁者も同じように感じているはずですので、改善の必要性を実感を持って皆で共有でき、その後の様々な業務改善につながっていきました。

　こうした取り組みは業務改善の入口としては他の自治体でも同じように効果が期待できるものです。自治体の窓口サービスについては手続きを受ける側と使う側とでは受ける印象や感覚が違うところがあります。利用者目線に立つためにも実際に利用者になってみる体験は貴重かつ重要であり、何のためにDXに取り組むのかという事業目的を皆で共有するために、取り組みの最初の段階で実施してみるとよいでしょう。

北見市役所の窓口

「書かない窓口」を実現しているため記載台がありません。

DXプロジェクトの全体像

DX プロジェクトが通常のプロジェクトと異なるのは「事前にある程度わかっていることを推し進める。」のでなく「わからないことを探索する。」取り組みだという点

◇ リーン・スタートアップの考え方を取り入れる！

　DX プロジェクトには通常のプロジェクトと大きく異なる特徴があります。それは「事前にある程度わかっていることを推し進める。」のではなく「わからないことを探索する。」取り組みだという特徴です。確かに大規模なプラントエンジニアリングのプロジェクトでも現地の実際の状況など着手してみなければわからないこともあります。しかし、基本的には建設するプラントの種類や規模に応じてプロジェクトの内容を事前に詳細に詰めることができ、期間や目標も明確に定めることができます。

　これに対して「わからないことを探索する。」取り組みであることが DX プロジェクトの本質であり、その意味では実質的にはスタートアップの活動内容と類似性があります。**スタートアップ**とは新たなビジネスを開拓し、急激な成長を狙う企業のことをいいます。そこで、当然「わからないことを探索する。」ことに取り組まざるを得ず、そこに様々な工夫が重ねられてきました。特に注目すべき工夫がアメリカの起業家エリック・リース氏による**「リーン・スタートアップ（Lean Startup）」**という手法です。この手法は起業プロセスのムダを省き、最短距離でイノベーションを生み出すために最適なものです。そこで、**DX プロジェクト**でもリーン・スタートアップの考え方を取り入れることが効果的だといえます。

　DX プロジェクトを成功させるためには少なくとの次の2つの疑問を解消する必要があります。第1の疑問は「利用者の課題と解決策は判明しましたか？」というものです。これは、プロブレムソリューションフィット＊と呼ばれるものです。第2の疑問は「利用者にとって必要なものは作れましたか？」というものであり、**ソリューションユーザーフィット**＊と表現できます。なお、第2の疑問はビジネスの世界では**プロダクトマーケットフィット**＊と呼ばれていますが、自治体 DX プロジェクト用に言い換えたものです。

　さて、DX プロジェクトも一種のプロジェクトなのでプロジェクトの関係者で目的を共有し推進体制を構築することが出発点になります。プロジェクトのスタート後、まず目指すべき目標となるのが「利用者の課題と解決策は判明しましたか？」という第1の疑問の解消です。この**プロブレムソリューションフィット**の達成のために、①課題とベネフィットの明確化、②デジタル技術のリサーチ、③解決策の**アイディエーション**、④**プロトタイピング**、⑤実装というステップを順番に踏んで DX プロジェクトを進めていくわけです。

　第1の疑問が解消されたら、次に「利用者にとって必要なものは作れましたか？」という第2の疑問の解消を目指します。なお、売れる製品を開発することが目的となるビジネスの世界では第2の疑問は「市場で売れる製品は作れましたか？」と表現されます。しかし、自治体 DX プロジェクトは目的が異なります。自治体 DX では住民や職員という利用者にとっての最適な解決策を作り出すことが目的ですから、第2の疑問についてもそれに相応しい表現に変える必要があるのです。

　「利用者にとって必要なものは作れましたか？」という第2の疑問の解消、すなわち**ソリューションユーザーフィット**の達成のためには、①解決策に対する利用者の支持や信頼の程度の測定と② PDCA で継続的に改善する活動が有効です。

DXプロジェクトを成功させるための2つの判断基準

	判断基準	名称
第1の疑問	利用者の課題と解決策は判明しましたか？	プロブレムソリューションフィット
第2の疑問	利用者にとって必要なものは作れましたか？	ソリューションユーザーフィット

＊**プロブレムソリューションフィット**　Problem/Solution Fit：課題と解決策の適合性の意。
＊**ソリューションユーザーフィット**　Solution/User Fit：解決策と利用者の適合性の意。
＊**プロダクトマーケットフィット**　Product/Market Fit：製品と市場の適合性の意。

戦略的DXプロジェクトの特殊性

戦略的 DX プロジェクトの特殊なところは「外部環境の大きな変化」を捉える活動が重要な点と「従来の業務プロセス自体を別のものに取り換える」ことが必要な点

◇ 2つの特殊性

　戦略的 DX は、市場（自治体 DX においては「住民の生活の場」）と技術という外部環境の大きな変化に適応するために従来の業務プロセスを改革し、まったく別のものに取り換える取り組みのことです。これに対して、カイゼン DX とは、従来の業務プロセスを維持したまま効率化する取り組みをいいます。そこで、戦略的 DX プロジェクトとカイゼン DX プロジェクトでは、2つの点で大きな違いが生じます。まず、**戦略的 DX プロジェクト**では「住民の生活の場と技術という外部環境の大きな変化」を捉える活動が大変重要になってきます。次に、戦略的 DX プロジェクトでは「従来の業務プロセス自体を別のものに取り換える」ことが必要です。こうした違いから、DX プロジェクトの進め方においても異なる点が生じます。

　戦略的 DX プロジェクトを進める際の特殊性の一つ目は「住民の生活の場と技術という外部環境の大きな変化」を捉える活動が加わることです。もちろん、カイゼン DX プロジェクトでもデジタル技術のリサーチは実施します。もっとも、カイゼン DX プロジェクトではもっぱら利用できるデジタル技術の概要を知ることに重点があります。これに対して戦略的 DXプロジェクトでは「大きな変化」に着目します。例えば、一昔前は住民の連絡手段は固定電話とファックスが主流でした。しかし、今ではスマートフォンの世帯普及率は既に8割を超えています。こうした「大きな変化」に着目し、変化に適応するための方策を探ります。

　戦略的 DX プロジェクトを進める際の特殊性の二つ目は「従来の業務プロセス自体を別のものに取り換える」検討が必要になる点です。外部環境の大きな変化に適応するためには従来の業務プロセスのままでは無理だからです。新しい業務プロセスはデジタル技術を活用したものになります。そこで、戦略的 DX プロジェクトではアイディエーション、つまり解決策のアイデアを創出・選択する段階において「デジタル業務モデル」の創出作業が加わることになります。

戦略的DXプロジェクトの特殊性

	内容
特殊性①	「住民の生活の場と技術という外部環境の大きな変化」を捉える活動が加わる点
特殊性②	「従来の業務プロセス自体を別のものに取り換える」検討が必要になる点

コラム 組織内で人々を巻き込む方法

　DXプロジェクトを推進するためには自治体内部のメンバーを上手に巻き込むことが欠かせません。そのためのツールの一つとしてゲーミフィケーションを活用することをお勧めします。**ゲーミフィケーション**とはサッカー、野球、囲碁・将棋など様々なゲームが人を感動させ人を動かす力を持っている原理を明らかにし、それを応用しようとする技術です。特に活用できる原理として、その場の空気を自由に変えることのできる「マジックサークル」が重要です＊。

＊出典:「ルールズ・オブ・プレイ（上）」（ケイティ・サレン・エリック・ジマーマン、山本貴光訳、2011、ソフトバンククリエイティブ）

04 推進体制をつくる

縦割り、すなわち「縦串」の体制と庁内横断的に取り組む「横串」の体制を組み合わせるやり方が、プロジェクトを円滑に進めるための推進体制として重要

◇ 庁内横断的な推進組織

　自治体には根強い縦割りの組織文化があり、それによって行政サービスの非効率などの弊害も生じています。反面、各部局が自らの役割に対して責任を持って取り組むことができるというプラスの面もあることは否定できません。そこで、縦割り、すなわち「縦串」の体制と庁内横断的に取り組む「横串」の体制を組み合わせるやり方が、プロジェクトを円滑に進めるために重要です。

　推進体制づくりとしては、まず庁内横断的な**推進組織**を設置することから着手します。例えば推進本部を設け、その下に推進会議ないし推進委員会を設置し、その下部組織として**ワーキング部会**を置いて実務的な作業を担当させるという形です。推進会議（推進委員会）には各部局のトップ、情報システム部門、財政の部署、職員の人材育成担当などに必要に応じて入ってもらい、進捗状況や方針などを共有します。そして実施事項について、この推進会議で承認をもらうというやり方で進めます。ワーキング部会には様々な部署から職員が参加することになりますが、そのままでは職員もなかなか活動しにくいところがあります。そこで、推進会議から自由に活動してよいというお墨付きを与えてもらうようにすると動きやすくなるでしょう。

　なお、いきなり庁内横断的な推進組織を設置するのはハードルが高すぎるといった場合も考えられます。そのような場合は、まず庁内横断的な勉強会などを設けて情報や技術を共有するところから始める方法もあります。また、単なる勉強会ではなく職員研修を実施することでより強力に本格的な庁内横断的推進組織の設立を後押しするという方法も効果的です。

　さて、プロジェクトは推進体制をつくって終わりではありません。ここで重要となるのが事務局です。事務局がプロジェクトを前に進めていかなければ成果を出すことはできません。

　そのためには、事務局のメンバーがDXの対象となっている部署の業務内容をしっかり理解していることが必要です。そもそもDXはデジタルを活用して業務を変革することですから、対象となっている部署の業務を変えることになります。そこで、その部署の業務内容に関する知識が浅いと、部署の職員を説得することが難しくなるからです。

自治体の縦割り組織

縦割りの「縦串」組織に対して、横断的な「横串」が刺さっています。

現状分析は視点をどこに置くかが重要！

〉内部変化と外部変化

　変化が激しい時代になっているため、様々な組織にとって未来の姿を予測することが難しくなっています。予測を難しくしている最大の原因は変化のスピードが加速していることにあります。しかし、それだけでなく予測の方法にも原因があるように思えます。

　ある企業が未来予測をするために「現状」の分析に着手したと考えてください。ここで重要なポイントは現状分析の視点をどこに置くかです。もし現状分析の視点を業務プロセスそのものに置くと、見えてくるのは特定の業務プロセスの内部変化になります。仮に自動車業界を対象にして考えてみましょう。特定の自動車メーカーの業務プロセスに視点を置くと、そのメーカーが現在製造しているタイプの自動車の業務プロセスにおける内部変化が見えてくるはずです。例えば、そのメーカーがガソリン車を製造しているとすると、見えてくるのはガソリン車の製造プロセスや販売プロセスにおける内部変化になります。このような現状分析は、競争がガソリン車の品質や製造コストの分野で行われているのなら、極めて有効なものです。

　しかし、変化のレベルが特定の業務プロセスの範囲内にとどまらない時代には、本質を完全に見誤ることになりかねません。例えば自動車についていえば、現在生じている変化で重要なものは、ガソリン車の製造から電気自動車の製造に軸足が移りつつあるという外部変化なのです。しかし、現状分析の視点をガソリン車の業務プロセスにおける内部変化に置く限り、このような外部変化はなかなか見えてこないのです。

　そこで、重要になるのが現状分析の視点を、その業界において生じている「市場と技術の大きな変化」に置くということです。つまり外部環境の大きな変化に現状分析の視点を置くのです。そうすれば、ある業務プロセスが別の業務プロセスに急速に転換するかもしれないという新しい未来が見えてくる可能性があります。このように、現状分析が有効なものとなるかどうかは、視点をどこに置くかにかかっているといえます。

05 課題を明確化

カイゼン DX の対象は外部環境の大きな変化に適応する必要が特にない課題であり、戦略的 DX の対象は外部環境の大きな変化に適応する必要がある課題

◇ カイゼンDXの対象となる課題

　自治体が DX を進めようとする場合のスタートラインは課題の明確化です。自治体の課題として一般的に言われているものは行政サービスの向上と業務の効率化の2つ。しかし、より深く考えてみると、自治体の活動を時代の変化に適合させるという大きな課題もあることに気付きます。そこで、DX に関する課題を明確化させる場合は、より大きな視点からとらえて、具体的な課題の洗い出しを行うことが重要です。

　もっとも、DX だからといって最初からデジタル技術の活用を大前提で考えるとうまくいきません。どうしても特定のデジタル技術、とりわけ特定の製品やサービスに引きずられがちになるからです。むしろ、最初はデジタル技術は忘れ、**プロジェクトチーム**でできるだけ広く気になる課題を洗い出した方がよいでしょう。

　ここで意識して欲しいことは、その課題を解決するために適用する DX のタイプです。もし、課題が従来の**業務プロセス**そのものの**効率化**を図ったり改善したりするものであれば、それはカイゼン DX タイプの取り組みになります。例えば、窓口サービスに関して待ち時間を短くするという課題であればカイゼン DX の適用対象です。なぜなら、窓口での手続きという一連の業務プロセスそのものは取り組みによっても変わらないからです。

　見方を変えると、カイゼン DX を適用することが相応しい課題とは外部環境の大きな変化に適応する必要が特に求められない課題だということができます。例えば、庁内の会議の議事録作成時間を短縮するという課題や職員採用面接における面接方法を改善するという課題などが該当します。会議の議事録作成にしても職員採用面接の実施にしても、背景となる外部環境が特に大きく変化しているわけではありません。単に時間の短縮とか面接方法の改善という従来業務の効率化や改善を目的としたものにすぎないのです。

❖ 戦略的DXの対象となる課題

　では、戦略的DXの対象となる課題とはどんなものでしょうか。それは、外部環境の大きな変化に適応する必要がある課題です。例えば、日本におけるスマートフォンの世帯普及率は既に8割を超えています。その結果、銀行サービスや各種の予約サービスから商品の購入まで、ほとんどのことはスマートフォンだけで済ませることができるように時代が変化してしまいました。

　このようなサービスの提供方法に関する劇的な変化は今後さらに進行していくことが予想されます。自治体にとっての外部環境、すなわち住民の生活の場と利用できる技術が大きく変化しているのです。ところが自治体の行政サービスはこの巨大な変化にまったく追いついていません。つまり、自治体の活動を時代の変化に適合させるという課題が日に日に大きくなりつつあり、もはや無視できなくなっています。

　戦略的DXを適用する必要のある課題の解決においては、従来の業務プロセス自体を、まったく別のものに取り換えるというドラスティックな取り組みが避けられません。それがどんなに自治体の組織文化にそぐわないものであったとしても外部環境の変化は現実なのです。もし、現実の変化を無視し続けるならば遅かれ早かれ恐竜のように環境変化に適応できなくなり、自治体という組織、特に役所・役場という装置が衰退に向かう可能性も否定できません。役所・役場の衰退という事態は想像しにくいものですが、例えば行政サービスの民間企業による代行が進行し、やがてほぼすべての行政サービスが自治体の手から離れていく可能性も皆無とは言い切れないのです。

課題の明確化

DX のタイプ	カイゼン DX の対象となる課題	戦略的 DX の対象となる課題
業務プロセスとの関係	従来の業務プロセスそのものの効率化を図ったり改善したりするもの	従来の業務プロセス自体を、まったく別のものに取り換えるというドラスティックな取り組みが必要なもの
外部環境との関係	外部環境の大きな変化に適応する必要が特に求められない課題	外部環境の大きな変化に適応する必要がある課題
具体例	・庁内の会議の議事録作成時間を短縮するという課題 ・職員採用面接における面接方法を改善するという課題	・行政サービスのスマートフォン対応という課題
目的	時間の短縮とか負担の軽減という従来業務の効率化や改善を目的	自治体の活動を時代の大きな変化に適合させる目的

コラム 場の空気を生み出すマジックサークル

　複数の人が集まると、そこに特有の「空気」が生れます。この「空気」の正体は何らかの明示または暗黙の共通認識のようなものです＊。ゲームでは場の空気を自在にコントロールすることで望ましい雰囲気を生み出します。例えばサッカーなら、長方形のフィールドを地面に描き、両端にゴールを設置することでプレイヤーという特別な人々を観客から区分し、さらに敵味方の区別を作り出します。サッカー特有のルールと装置によって、フィールドは一瞬にして戦いの場に変貌するわけです。このように特別な場の空気を生み出す仕組みを「**マジックサークル**」といいます。

＊出典:「関係の空気・場の空気」(冷泉彰彦、2006、講談社)

前例のある課題と前例のない課題

前例のある課題と前例のない課題は取り組み方が違ってくるので、両者を区別してそれぞれにマッチしたアプローチのやり方で取り組むことが重要

◇「前例踏襲」は過去の遺物になる！

　自治体に限らず長期的に安定した組織では、あらゆる活動が安全志向となりがちです。できるだけ新しいことには挑戦したくないという心理が強く働く傾向があります。そうした組織環境で重宝される発想が「**前例踏襲**」です。前例に従っておけば間違いを犯す危険性は低くなりますし、万が一トラブルが発生したとしても「前例に従いました。」といえば言い訳になると思えるからです。

　ここで大きな問題が発生します。前例がある課題であればとりあえず前例に従っておけばいいかもしれませんが、前例がない課題も少なくないのです。しかも、テクノロジーの進化が加速している現代にあっては、前例のない課題が自治体においても急激に増加しつつあります。前例のある課題は前例に従って処理し、前例のない課題は「前例がありません。」とひとまず棚に上げておくという行動スタイルは、急速に過去の遺物となっていくでしょう。

　前例のない課題を棚上げしておくといった態度は論外ですが、前例のある課題とは取り組み方が違ってくることも事実です。そこで、両者を区別してそれぞれにマッチした**アプローチ**のやり方で取り組むことが重要になってきます。その点については、戦略的 DX の対象となる課題であれば外部環境の大きな変化への適応が目的ですから、明らかに前例のない課題になります。

　これに対して、カイゼン DX の対象となる課題は内容によって両方ありえます。例えば、庁内の**サーバー容量不足**に対応するといった課題は以前にも取り組んだことがあれば前例のある課題です。仮に自分の自治体では取り組んだことがなくても、他の自治体に実施例がある場合は前例のある課題に準じて考えることもできます。

しかし、カイゼンDXの対象となる課題であっても前例がまったくない課題については難しさがあります。まさに前例踏襲の発想が幅を利かせる場面です。そこで、なんとか新規事業として前に進めたいと考える自治体職員は、高い熱量を持ってしっかりと正当性を主張できる**ロジック**を組み立てることが必要となります。

前例のない課題を棚上げする行動スタイル

自治体職員が古びた棚の一番上の段に「課題」という荷物を棚上げしています。

成功するプロジェクトの進め方

前例があれば課題の原因を分析

既知の病気について医者がまず「診断」を行い病気の「原因」を特定するように、前例のある課題であって解決策がわからないものについてはまず分析・検討が必要

◇ 前例がある課題にどう対応するか？

　前例がある課題とは、**カイゼン DX** の対象となる課題の中で以前に庁内（場合によっては他の自治体）で取り組んだことのある課題ということになります。例としては庁内のサーバー容量の不足に対応するといったものが考えられるでしょう。従来どおり**オンプレミス***で対応するのであれば必要なことはサーバーの増設ですので、通常は以前やったことのある作業になります。そこで、後は予算の確保と必要性の判断が問題となり、庁内でそうした点をしっかりと説明できれば認められる可能性が高いでしょう。いずれにしても前例を踏まえて対応すれば済みます。

　ただし、前例のある課題でも対応が難しいものがないわけではありません。例えば、上記の庁内サーバーの容量不足に対応するという課題であっても、最適な解決方法については慎重な検討を要する場合もありえます。こうした場合、前例があることはわかっていても、どのように解決すべきか担当者がすぐに判断できないかもしれません。自治体の情報システム担当者は必ずしも専門家だとは限らないからです。そこで、庁内の詳しい職員に聞いたり、他の自治体の事例を調べたり、ベンダーに相談したりして解決策を探ることになります。

　このようなタイプの課題の解決は、既によく知られている病気の治療と類似しています。既に知られている病気については大学などの専門機関によって原因の究明が進められていて、大部分の病気の原因と治療法は既に確立しています。そこで、病院を訪れた患者に対して医者はまず「診断」を行い病気の「原因」を特定します。そのうえで「治療法」を選択して適用するという流れで患者を治療するはずです。

***オンプレミス**　サーバーなどの機材を自社内に設置して運用すること。

　これとまったく同様に、前例のある課題であって解決策がわからないものについては、まず原因を特定できるように分析・検討を行います。その際、庁内の職員だけでは困難なら、外部の専門家のサポートを受けることになるでしょう。専門家が専門家である理由は、既知の課題に関する豊富な事例を、あたかも医者が臨床例を熟知するように知っていることにあります。必要ならそうした専門家の力も借りて課題の原因を分析し、解決策を探るわけです。

既知の病気の診断

課題の特定
（症状は？）

原因分析
（病原菌は？）

解決策の立案
（治療方法は？）

医者はまず「診断」を行い病気の「原因」を特定し「治療法」を選択して治療します。

前例がなければデザイン思考を活用

利用者の行動や考えをしっかり理解した上で、利用者にとって最適な使い勝手となるようにサービスをデザインするという利用者中心の発想がデザイン思考で最も大切

◇ デザイン思考を行政サービス改革に活用

　戦略的 DX の対象となる課題は前例のない課題です。なぜなら、外部環境の大きな変化への適応を目的とした取り組みになりますので、まったく新しいチャレンジとならざるを得ないからです。また、カイゼン DX の対象となる課題であっても、自分の自治体はもちろん他の自治体でもまったく取り組んだ実績のないものは前例のない課題といえます。前例がないということは、事例という形では手掛かりがないことを意味します。そして、手掛かりがなければ課題を明確化することも困難です。しかし、方法がないわけではありません。

　カイゼン DX を例にとって考えてみましょう。カイゼン DX の対象となる課題の根底にある目的は業務の効率化です。従来の業務プロセスは変えずに、その効率性を向上させるという取り組みなのです。自治体の場合、効率性の追求はまず職員の業務プロセスに向けられることになります。職員にとって業務プロセスが使いづらく負担の大きいものであるとすれば、明らかに業務効率は低下するからです。そこで、職員を業務プロセスの利用者と捉えて、効率化を考えていく必要があります。

　もっとも効率化の要請があるのは職員の業務プロセスだけではありません。それは窓口のプロセスにも向けられ、住民にとっても効率的な手続きになるように改善することが求められます。役所の窓口で住所・氏名・生年月日を何度も何度も手書きしなければならないプロセスは利用者である住民にとって非効率的すぎるのです。

では、こうした場合に課題を明確化させるにはどんな方法があるのでしょうか。このような場面で使える方法としては「**デザイン思考**」があります。デザイン思考とは、デザインの世界で長年用いられてきたプロセスや技術をサービスなどの分野にも応用しようとする考え方です。デザイン思考で最も大切な発想は利用者を中心に据えるということです。つまり、利用者の行動や考えをしっかり理解した上で、サービスの利用者にとって最適な使い勝手となるようにサービスをデザインすることが求められます。前述の例であれば、業務プロセスの利用者としての職員や窓口プロセスの利用者としての住民にとって使い勝手を良くするという発想で取り組むことになります。

　このデザイン思考を**行政サービス改革**に活用しようとする政府は「デジタル・ガバメント実行計画」にサービス設計12箇条としてノウハウをまとめています。その第1条にあるのが「利用者のニーズから出発する」です。このことからも明らかなように、利用者視点で**業務プロセス**を捉えなおすことは、課題の明確化において大変重要かつ効果的なやり方といえます。

デジタル・ガバメント実行計画(令和2年12月25日 閣議決定)*10

第1条　利用者のニーズから出発する
　提供者の視点ではなく、利用者の視点に立って、何が必要なのかを考える。様々な利用者がいる場合には、それぞれの利用者像を想定し、様々な立場から検討する。サービス提供側の職員も重要な利用者として考える。ニーズを把握するだけでなく、分析によって利用者が抱える課題・問題を浮き彫りにし、サービスの向上につなげる。

利用者の視点で考える

デザイン思考を行政サービス改革に活用する上で最初に必要となるのは住民と職員という2種類の利用者視点で業務プロセス及び窓口プロセスを捉えなおすこと

◇ 利用者視点で業務プロセスを捉えなおす

　デザイン思考を行政サービス改革に活用する上で最初に必要となるのは利用者視点で業務プロセス及び窓口プロセスを捉えなおすことです。行政サービス改革という場合、そのサービスの利用者として真っ先にイメージされるのは住民のはずです。そこで、まず住民が経験する窓口のプロセスについて考えてみましょう。

　住民は役所・役場の窓口を利用する際に、どんな印象を持っているのでしょうか。「とにかく待たされてイライラする。」「同じことを何度も書かされる。」「あちこちの窓口をたらい回しされて疲れる。」などなど、不満や不便という印象を持っている住民が少なくないのも事実。当然、こうした不満、不便の声の中に解決すべき課題があるはずです。住民、特に来庁者という役所・役場の利用者の視点に立って窓口プロセスを捉えなおすことが第一にやるべきことになります。

　もっとも、**行政サービス改革**を徹底するためには単に住民の視点に立つだけでは十分ではありません。「利用者」という意味では自治体の業務プロセスを日常的に利用している職員も含めて考える必要があります。そこで、次に職員の行う業務プロセスについても見てみましょう。

　自治体の職員は日常業務の中で現在の**業務プロセス**に対して何らかの不満、不便、不都合、負担といったものを感じているはずです。「以前からルーティンでこなしてはいるけど、この処理は手間がかかり、負担が重いな。」といった不満や負担感は多かれ少なかれ、職員にあるのではないでしょうか。つまり、自治体職員を業務プロセスの利用者という視点で見たとき、職員がどのような不満や負担を感じているのかが課題の明確化にとってカギになります。必ず、そこに解決しなければならない課題があるはずなのです。

　例えば、庁内の会議の議事録作成時間を短縮するという課題の裏側には、会議の議事録作成を担当する職員の感じた不満があったはずです。また、職員採用面接における面接方法を改善するという課題の裏側にも、応募者と職員に負担感があったはずなのです[*3]。このように、業務プロセスに関する課題を明確化するためには職員を「利用者」として位置づけ、利用者の視点で業務プロセスを捉えなおすことが第一にやるべきことになります。

不満、不便の声の中に解決すべき課題がある！

不安

不満

案内待ち

住民と職員それぞれに課題や欲求があります。

不都合

不満

負担

不便

リーン・スタートアップ手法の活用法

　利用者の感じている何らかの不満、不便、不都合、負担のことを「潜在ニーズ」といいます。この潜在ニーズのリサーチ手法としては、アンケートやインタビューといったやり方が一般的です。また、より徹底的にリサーチしようとするならば、エスノグラフィーといった専門的な手法もあります。しかし、こうした専門的な調査手法を使っても潜在ニーズのリサーチは容易ではありません。そもそも利用者自身は漠然とした不満しか持っていない場合が多く、そこから具体的な課題を引き出すのは困難なのです。例えば、行政サービスへの不満について聞いても利用者からは「なんとなく利用しにくい。」程度の回答しか得られず、具体的に何がどう不満なのかは不明のままといったことが多いのではないでしょうか。理由は簡単であり、利用者自身にもどんなサービスならいいのかはっきりわからないからです。別のコラムで説明した「もっと速い馬」の例を想起してください。

　このようにリサーチだけでは潜在ニーズを十分明らかにすることができず、課題が明確な形で定義できない場合はリーン・スタートアップの手法を活用すると効果的です。こうした場合、リーン・スタートアップではまったく異なるアプローチで対処します。利用者に直接リサーチして課題を把握しようとするのではなく、利用者の不満、不便、不都合、負担を仮定して、それらを解消できそうな解決策のごく簡単なプロトタイプを作って実際に利用者にぶつけてみるのです。このプロトタイプは紙に書いた絵でも構いません。新しい行政サービスであれば、その概要を図解した紙を見せて、口頭で「こんなサービスを考えているんです。」と説明してみせるわけです。

　このように具体的なモノ（新しい行政サービスの簡単なプロトタイプである図解）を見せられると利用者も「いや違うな」とか「そんな感じ」といった何らかの反応を示しやすくなります。こうした反応を手掛かりとして、次々と改良を重ねていきます。

住民やベンダーに聞いてみる、利用者の行動を観察する

アンケート、インタビュー、ブレインストーミングといった方法では利用者の本音を集めにくい場合、対象者の行動を詳細に観察するエスノグラフィーという手法が有効

◇ 利用者の本音を集める方法

　利用者視点で業務プロセスや窓口プロセスを捉えなおすためには、利用者が抱いている不満、不便、不都合、負担の声を拾い上げることが第一歩です。こうした声の中に業務プロセスや窓口プロセスの問題点が潜んでいて、それこそが解決すべき課題のはずだからです。では、そういった本音はどうすれば集めることができるでしょうか。

　職員に関してはプロジェクトチームに原課の担当者にも入ってもらい、現場で困っていることや負担感などを出してもらうという方法が一般的でしょう。もっとも、なかなか正直に不満や負担感について話すのは難しい面もあるかもしれません。また、人は言うことと行動が一致しない場合があるといわれていますので、単純な**ブレインストーミング**や**インタビュー**だけで本音を把握するのは容易ではありません。そこで、デザイン思考では様々なリサーチ手法を活用することが推奨されています。

　例えば、**エスノグラフィー**＊というリサーチ手法も有用です。これは行動観察調査のことで、もともとは文化人類学などで活用されてきました。単純にインタビューするのではなく、まずは対象者の行動を詳細に観察し、疑問が生じたら聞いてみるといった調査方法です。ただ、自治体の職員を対象とする場合、観察者を別に置いて実施するのは現実的に難しいかもしれません。その場合は自分自身で業務プロセスを利用し、その体験を記録するというオートエスノグラフィーという手法もあります。

＊**エスノグラフィー**　文化人類学などで活用されてきた行動観察調査のこと。

では、対象が住民の場合はどうでしょう。この場合は住民にアンケートやインタビューをお願いするという方法が一般的でしょう。しかし、対象が住民となると、単純なアンケートやインタビューではなかなか本音が拾いにくいようです。例えば、行政サービスを日常的に利用している住民は不満をあまり持たないので要望も特に出ない傾向があります。そこで「声なき声をどう拾っていくのか」が自治体にとって悩みどころとなっています。

　こうした障壁を乗り越えるためには、ベンダーに聞いてみるというやり方が有効です。ベンダーは民間企業として消費者のニーズをつかむことに長けています。そこで自治体職員の立場ではなかなか得られない住民の本音を**ヒアリング**や**アンケート**で聞いてもらうわけです。もちろん、住民についても行動を観察するエスノグラフィーの手法が活用できます。可能であれば窓口を利用する住民の行動を観察し記録しておくわけです。もし住民の行動を観察すること自体が困難であれば、職員に住民になったつもりで実際の窓口プロセスを体験してもらい、その結果を分析するという方法もあります。他にも多種多様なリサーチ手法が活用されていますので、専門書などを調査してみるとよいでしょう。

リサーチ手法

アンケート	簡単に実施できるが詳細なことまでは掴めない
インタビュー	生の声が聞けるが語られたことしかわからない
エスノグラフィー	行動観察によって無意識の本音を把握できる可能性がある
オートエスノグラフィー	実体験により問題を理解できる可能性がある

2種類のニーズと問題、課題、解決策

利用者の不満などの訴えが「潜在ニーズ」で、利用者が具体的に認識している欲求が「顕在ニーズ」であり、潜在ニーズをより客観的な立場から表現したものが「問題」

◇ 潜在ニーズと顕在ニーズ

　リサーチによって掴んだ利用者の不満、不便、不都合、負担感の正体はなんでしょうか。これらはそのままでは「課題」ではありません。このように不満などの訴えを利用者側から捉えたものを「潜在ニーズ」といいます。例えば、庁内の会議の議事録作成作業について「議事録作成に長時間かかり負担が重く不満だ。」という職員の不満が出されているとすると、これは潜在ニーズです。「潜在」つまり内部に潜んでいるという言葉がついている理由は、まだこの段階では〇〇が欲しいという具体的な欲求が本人に自覚されていないためです。この段階では職員は具体的な解決策を意識できていないのです。この潜在ニーズをより客観的な立場から表現すると「問題」と言い換えることができます。つまり、職員に「議事録作成に長時間かかり負担が重くなっている。」という問題が発生していると言い換えることも可能です。

　では、潜在ニーズではないニーズ、すなわち「**顕在ニーズ**」とは何でしょうか。これは利用者が具体的に認識している欲求のことを意味します。例えば「議事録作成時間の短縮を実現する議事録作成システムが欲しい。」といったものです。当然、そのような欲求を持つためには、問題解決にとって「議事録作成時間の短縮を実現する議事録作成システムの導入」が必要だと事前に知っていることが前提となります。言葉を変えると、利用者は具体的な解決策が何か知ることができて初めて顕在ニーズを持つことができるのです。ただし、一つの問題に対する解決策は一つとは限りません。議事録作成時間の短縮を実現する具体策としては他にも、例えば文書化することをやめて録音のまま整理して保存するといった方法も考えられます。

そうすると問題からいきなり解決策が出てくるというわけではないようです。問題と具体的な解決策の間には中間項がどうしても必要となります。そして、この中間項こそが「課題」なのです。課題については次のセクションで詳しく見ていきましょう。

潜在ニーズと顕在ニーズ

ニーズの種類	潜在ニーズ	顕在ニーズ
意味	不満、不便、不都合、負担感などの訴えを利用者側から捉えたもの	利用者が具体的に認識している欲求のこと
例	「議事録作成に長時間かかり負担が重く不満だ。」という職員の不満	「議事録作成時間の短縮を実現する議事録作成システムが欲しい。」という職員の具体的な欲求

コラム DXプロジェクトの雰囲気を変えるには？

　DXプロジェクトの雰囲気を望ましい方向に変えるためには「マジックサークル」という場の空気を生み出すゲーミフィケーションの仕組みを活用します。例えば、思うように意見が出ない雰囲気の場合、そこには活発な発言を妨げる何らかの暗黙の共通認識が自然発生しているはずです。そこで、妨害している暗黙の共通認識とはどんなものなのか言語化してみるのです。もしかしたら、そこには「余計な発言をするとDXについて何もしらないことがバレてしまい恥をかくかもしれない。」といった暗黙の共通認識があるのかもしれません。だとするとリーダーは「私もあまりDXについて知りません。そこで最初はDXとは何かについて学ぶところから始めませんか？」と新たな共通認識に置き換える働きかけをするのです。メンバーの共通認識が「DXについて何もしらない状態でも恥をかくことはないんだ。」という安心できるものに変化すれば、気楽に発言できる雰囲気に変化するでしょう。

12 課題とベネフィット （それぞれの役割）

課題とは「問題を解決するためになすべきこと」であり、ベネフィットとは「問題が解決されると何がもたらされるのか」を表現したもの

◇ 定義と役割

　問題と具体的な解決策の間にある中間項を「課題」といいます。つまり、課題とは「問題を解決するためになすべきこと」と定義されます。庁内の会議の議事録作成作業を例にとると「議事録作成時間を短縮すること」が課題です。短縮するための具体策としてはシステム導入や録音のまま保存のように複数のものが考えられます。しかし、やるべきことの大きな方向性は「議事録作成時間を短縮すること」という課題によって示されるのです。

　このように考えると課題の役割は具体的な解決策を考える際の方向性を示す羅針盤のようなものだと理解できます。しかし、実はこの羅針盤には欠点があります。それは重要な出発点の情報が含まれていないという欠点です。重要な出発点の情報とは「なぜ、その課題を解決したいのか？」という動機です。議事録の例でいえば動機は「負担が重く不満だ。」という職員の不満と考えることができます。この不満こそが課題解決のエネルギーなのです。そこで、このエネルギーを引き出せるようなツールが必要となってきます。そのツールを「ベネフィット」といいます。

　ベネフィットの辞書的な意味は「利益、便益」ですが、専門用語としては「顧客が商品やサービスから得られる良い効果」という意味になります。しかし、それだけでは理解しにくいので、すでに登場した問題、課題、解決策という用語との関係を整理してみましょう。議事録の具体例で表現すると、ベネフィットとは「議事録作成時間の短縮により担当者の負担が軽減されること」といえます。つまり、ベネフィットは「問題が解決されると何がもたらされるのか」を表現したものなのです。このように理解すると、課題（議事録作成時間を短縮すること）だけでは伝えきれない問題解決の動機への対応まで、ベネフィットはしっかり伝えてくれることが明確になります。

要するに、単なる不満、不便、不都合、負担感などを潜在ニーズといい、具体的な解決策への欲求を顕在ニーズといいますが、いずれもプロジェクトの主軸ではありません。中心に据えるべきなのは「問題を解決するためになすべきこと」すなわち課題であり、この課題の解決にあたって関係者を巻き込むためにはベネフィットを明らかにすることが効果的だということになります。

課題とベネフィット

	課題	ベネフィット
定義	問題を解決するためになすべきこと	「問題が解決されると何がもたらされるのか」を表現したもの
役割	やるべきことの大きな方向性を示す役割	課題の解決にあたって関係者を巻き込む役割

悪い雰囲気を流れに逆らって変える方法

　人間の集団には必ず「場の空気」が成立しています。その正体は暗黙の共通認識です。もし、ネガティブな暗黙の共通認識が自然発生している場合、それを放置しておくといつまでもメンバーの認識は変わらず悪い雰囲気も変わりません。悪い雰囲気を変えたければ積極的に暗黙の共通認識に切り込む他はないのです。こうした場合に有効は手段がトゥールミン・ロジックです。トゥールミン・ロジックとは、自分の主張を根拠（データ）と論拠でしっかりと固めることをいいます。頑強な論理構造を構築した上で自分の主張を述べることで、フワフワとした暗黙の共通認識を粉々に打ち砕くことができます。

13 戦略的DXにおける課題とベネフィット

高性能のスマートフォンと高速大容量の移動通信システムの登場という技術の変化は急速に生活の場の様相を一変させ、住民の来庁を一切不要とするという課題が登場

◆ベネフィットの認識が住民を動かす！

　戦略的 DX においても課題の定義は変わりません。やはり「問題を解決するためになすべきこと」です。違いは課題の内容が、住民の生活の場や技術という外部環境の大きな変化に適応する必要があるものだという点だけです。もちろん、そのような大きな変化に適応するためには従来の業務プロセスを改革し、まったく別のものに取り換えるといった大胆な取り組みが必要です。例えば、「住民が手続きのために来庁する必要を一切なくすこと」という課題は、間違いなく窓口プロセスだけでなく庁内の業務プロセス全体を根底から刷新する必要のある課題でしょう。ただし、来庁を一切不要とする課題に実際に取り組む場合は、**デジタルデバイド対策**など配慮すべき点が多々あります。一挙に進められないことは当然であり段階的な実施が必要です。

　住民の来庁を一切不要とするという課題が出てくる背景には、まず技術の大きな変化があります。より高性能のスマートフォンと５Ｇという高速大容量の移動通信システムの登場です。このような技術の変化は急速に生活の場の様相を一変させました。以前は住民の通信手段といえば固定電話とファックスのみ。そこで行政サービスを利用する場合は来庁して手続きを行うことが当然視されていました。しかし、今や銀行サービスの利用から物品の購入まで、日常の多くの用事がスマートフォンだけで片付くようになっています。もはや固定電話やファックスはほとんど利用していないという住民も少なくありません。このような外部環境の大きな変化には自治体としても適応する他はなく、「住民が手続きのために来庁する必要を一切なくすこと」という課題に対して自治体は取り組みを進める必要があります。

では、この例の場合の**ベネフィット**はどうなるのでしょうか。ベネフィットとは「問題が解決されると何がもたらされるのか」を表現したものでした。すると、この例では「住民が手続きのために来庁する必要が一切なくなることにより住民の手間や時間のロスがなくなること」と表現できます。住民の生活の場では既に銀行サービスの利用や物品の購入について余計な手間や時間が不要となっています。行政サービスだけが相変わらず余計な手間と時間が必要ではないかという認識が住民の間に広がれば、否応なく自治体も動かざるをえなくなるでしょう。

技術の大きな変化

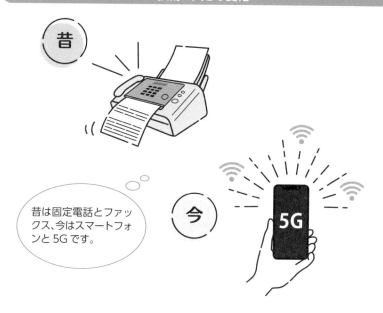

昔は固定電話とファックス、今はスマートフォンと 5G です。

14 デジタル技術のリサーチ（調査方法）

デジタル技術の調査方法は、外部の専門人材をプロジェクトに参加させる方法、庁内の詳しい人材をプロジェクトに加える方法、自分たちでリサーチする方法の3つ

◇ デジタル技術の調査方法の選択肢

　DXとはデジタル技術を活用して業務を変革していくことですからツールとなる**デジタル技術**の知識は欠かせません。ここでプロジェクトにおいて必要とされるデジタル技術の知識をどうやって確保するのかという点については複数の選択肢があります。

　一つは専門知識のある外部人材をプロジェクトに参加させるという方法です。この方法は簡便に思えますが、あまり専門性が強すぎると知識が特定の分野に偏ってしまう危険性があります。ある**DXプロジェクト**で実際に危険性を指摘されたことがありました。そのDXプロジェクトではメンバーのほとんどがデジタル技術分野の知識を持たなかったため、専門家である技術コンサルタントにデジタル技術の情報提供をお願いしようとしました。しかし、技術コンサルタントは「デジタル技術の情報を先に提供するとその情報に引きずられてしまうから反対だ。」と強く主張したのです。確かに、技術知識の乏しいメンバーが特定の優れた技術情報だけを知らされると、その技術に飛びついてしまう危険性があります。技術コンサルタントの危惧はもっともだといえます。結局、そのDXプロジェクトでは、広く浅くデジタル技術分野の現状について教えてもらうという方向性で取り組むことになりました。

　適切な外部人材が確保できない場合であっても庁内に詳しい人材がいれば、その人物をプロジェクトメンバーに加えるという方法もあるでしょう。そうした人材は基本的には情報システム部門に多いと思われますが、自治体は人事異動が激しい組織ですので、現在はまったく関係ない部署で仕事をしている可能性もあります。庁内公募制度が整備されていないならば、個別にあたってみて人材を発掘することになるでしょう。

外部人材も内部人材も頼れない場合、後は自分たちでリサーチするしかありません。自力でリサーチする方法としては次の3つが一般的です。第1はデスクリサーチ。これは文献やインターネットに掲載されている情報を収集するやり方です。検索能力さえ高ければ、かなり多くの情報が得られるので真っ先に取り掛かるべきです。第2は他の自治体への問い合わせ、あるいは視察。自治体の文化として自治体同士の情報交換は活発に行われていますので大変有効な方法です。そして第3がベンダーへのヒアリング。特定のベンダーに絞らず、できるだけ多くのベンダーから情報収集するようにします。

　なお、**デジタル技術**のリサーチはDXプロジェクトを進めるうえで大変重要ですが、課題の明確化を行う際は、いったんデジタル技術に関する知識は忘れて取り組む必要があります。なぜなら、どうしても特定のデジタル技術に引きずられがちになり、課題を広く洗い出すことが難しくなるからです。

調査方法

選択肢	やり方
専門知識のある外部人材	専門知識のある外部人材をプロジェクトに参加させる。
専門知識のある内部人材	庁内の詳しい人材をプロジェクトメンバーに加える。
自力でリサーチ	デスクリサーチ
	他の自治体への問い合わせ・視察
	ベンダーへのヒアリング

15 デジタル技術の概要を知る (AI:人工知能)

DX プロジェクトで AI を活用するという観点からは画像認識用途、自然言語処理用途、音声認識用途、強化学習用途と、使い道の違いでタイプ分けできることが有用

❖ AIの進歩が変革のスピードを加速する！

デジタル技術のリサーチを進める上で、おおまかな全体像を理解しておくことは大変役に立ちます。そこで、DX で中心となってくるデジタル技術について最低限の基本知識を説明しておきます。

まずは **AI** * (人工知能)です。デジタル技術には様々なものがありますが、特に AI 分野の技術が長足の進歩を遂げたことが変革のスピードを加速しています。DX プロジェクトで AI を活用するという観点からは、使い道の違いでタイプ分けできるようにしておくことが有用です。

AI はまず「画像認識」という用途で活用されています。このタイプの AI には例えば **AI-OCR** があります。単なる **OCR** と異なり AI-OCR は手書き文字でも読み取ることができ、様々なフォーマットの文書からも読み取り可能で作業効率を著しく向上させています。他にも顔認証や姿勢推定などでも画像認識 AI が活用されています。姿勢推定とは動画などから人間の姿勢を認識する技術で、例えば効率的な作業を行っているかどうかを AI が画像から自動的に判断します。

次に AI は「自然言語処理」の用途でもさかんに活用されています。例えばチャットボットなどが典型例です。自然言語処理の「自然」とは、プログラミング言語のような人工的な言語ではなく、日本語や英語のように人間が日常的に使っている言葉を扱うことができる AI だという意味です。そこで、**チャットボット**は日本人だけでなく外国人向けの観光案内用途としても活用されています。

＊**AI**　Artificial intelligence の略。

さらに AI は「**音声認識**」の用途でも活用されています。このタイプの AI は自然言語処理 AI と組み合わせて **AI スピーカー**などとして利用されたり、チャットボットとして活躍しています。また、会議の音声から議事録を自動的に作成してくれるツールなどとしても実用化されています。

　最後に紹介する AI は「強化学習」用途の AI です。このタイプの AI の特徴は AI 自身が試行錯誤によって学習する能力を持っていることです。そこで、例えばロボットや自動運転車の性能を高度化させるためにも「強化学習」AI が活用されています。

AiスピーカーAI

16 デジタル技術の概要を知る （ロボティクス）

PC作業を人間に代わって実行するRPAや、来庁者の案内をする自律走行型案内ロボット、夜間の警備を担当する警備ロボットなど自治体でもロボットは活用可能

◇ RPAとロボット

　DXで中心となってくるデジタル技術にはAIの他に**ロボティクス**があります。ロボティクスとはロボット工学のことであり、ロボットに関する技術が対象です。この「ロボット」という言葉には人間のような形をした機械装置の意味だけでなく、何らかの業務を行うソフトウェアの意味もあります。そこで、パソコンで行っている作業を人間に代わって自動的に実行してくれるツールのことをロボティックプロセスオートメーション（**RPA** *）と呼ぶのです。RPAはDXプロジェクトでも盛んに導入されている技術です。特に定型業務を延々と実行させる用途では大変便利なツールなので、事務処理の多い自治体業務には向いている技術だといえます。

　機械装置としてのロボットもDXプロジェクトで重視されている技術です。物理的な作業が発生する業務プロセスでは導入の検討対象となる可能性があります。例えば、自律走行型案内ロボットに来庁者の案内を任せたり、警備ロボットに夜間の警備を担当させたりする実証実験は既に各地の自治体で始まっています。そこで、ハードウェアを伴ったロボットについても基本知識を整理しておきましょう。以下ではハードウェアを伴ったロボットのことを単に「ロボット」と表記します。

＊**RPA**　Robotic Process Automationの略。パソコン作業を人間に代わって自動的に処理してくれるソフトウェアのこと。

まず、ロボットの構成要素ですが、知覚（sense）、判断（plan）、制御（act)の3つから成り立っています。ロボットの知覚器官を**センサー**といい、内部の状態を測定するための内界センサー、ロボットの周辺の状況を調べるための外界センサー、人間との直接的な接触を知覚するための相互作用センサーがあります。次にロボットの周辺環境に合わせて動作を判断し決定するための機能です。この目的のためにはまず外界センサーから得られた情報に基づいて周辺環境をモデル化する必要があり、これを環境モデリングといいます。そして、どのようなルートで移動すればよいかといった動作のプランを検討し決定する必要があり、これを**プランニング**といいます。最後に実際に動作するわけですが、ロボットは関節と腕（リンク）で構成されていますので、これらをうまく動かす必要があります。

　なお、ロボットにもAIが使われていますが、特に動作を判断し決定するための機能用にどんなタイプのAIが使用されるかで性能が大きく違ってきます。従来の産業ロボットでは比較的古いタイプのAIが使用されていましたので、あまり融通が利かない動作しかできませんでした。ところが、近年では「強化学習」タイプのAIが用いれらるようになり、性能が急速に高度化しつつあります。

機械装置としてのロボット

来庁者を案内するロボットなどもあります

近未来のプロトタイプを作る

　これから近未来において登場することが予想される業務モデル（ビジネスモデル）のプロトタイプを作ることを「フューチャープロトタイピング」といいます。これは単に未来予測をするだけでなく、実際にどのような業務プロセスになるのか、その近未来の姿を具体化してみせる手法であるところに特徴があります。なお、この手法は戦略的 DX を実行する場合の強力な武器となるものです。

　同じような発想のものとして近年脚光を浴び始めているものに「SF プロトタイピング」という手法があります。これは「サイエンス・フィクション的な発想を元に、まだ実現していないビジョンの試作品＝プロトタイプを作ることで、他者と未来像を議論・共有するためのメソッド ＊」と定義されています。その特徴は「ガジェットを介した未来の具現化」「キャラクターからの具体的な眺め」「プロットによる動的なシミュレーション」の 3 点にあります ＊。要するに、SF 小説を書くように、キャラクターを設定しストーリー仕立てとすることで、未来を想像しやすくするわけです。

　これに対してフューチャープロトタイピングでは、キャラクターやストーリーは一切使用しません。そのような要素はかえって近未来に登場する業務モデルのイメージをあいまいにするだけだと考えるからです。重視するのはテクノロジーの発展方向と発展速度、そして新しいテクノロジーによってもたらされる人々のベネフィットの変化方向と変化の程度です。

　フューチャープロトタイピングの実施のステップは 3 つに分かれます。第 1 に、リサーチによって技術の大きな変化の傾向を捉えます。第 2 に、把握した技術の大きな変化の傾向から生活の場の変化を洞察します。そして、第 3 に、技術と生活の場の変化によって登場する新しい解決策、すなわち業務モデルのプロトタイプを創出します。

＊出典：「ＳＦプロトタイピング　ＳＦからイノベーションを生み出す新戦略」（宮本道人・難波優輝・大澤博隆、2021、早川書房）

デジタル技術の概要を知る（自動運転技術）

高齢化・過疎化が進む自治体にとって今後ますます深刻化する高齢者の移動手段の確保という課題を解決する有力な方法の一つが自動運転技術

❖ 自動運転車は人や荷物を運ぶロボット

DX で中心となってくるデジタル技術としては**自動運転技術**も押さえておく必要があります。特に高齢化・過疎化が進む自治体にとって、高齢者の移動手段をどう確保するかという課題が今後ますます深刻化していくことが予測されます。その有力な解決策の一つが自動運転技術です。

自動運転技術は実はロボティクスとよく似ています。なぜなら、自動運転車は人や荷物を運ぶロボットといってもよいものだからです。ですから、自動運転の構成要素もロボットと同様に「認知」「判断」「操作」の３つから成り立っています。自動運転車は自車の周りの環境や自車のいる位置、自車の状況を様々なセンサーで認知します。この認知に基づいて出発地点から目的地点までの大まかな経路を計画し、また走行中の障害物や対向車を回避する詳細な経路を判断します。こうして判断した経路にしたがって車両を操作するわけです。

「認知」に使用されるセンサーにはカメラや LiDAR＊の他、IMU＊という計測器などがあります。LiDAR とはレーザー光線で障害物や対向車までの距離を測定するセンサーのことで、現在開発中の自動運転車の大多数で使用されています。また、IMU とは角速度と加速度を測定する装置で、自動運転車が自分の位置を推定するのを補助する目的などに使用されます。なお、これらのセンサーがすべての自動運転車で使用されているというわけではありません。企業によって方式が異なるので使用されるセンサーの種類も異なっています。

＊LiDAR　Light Detection and Ranging の略。
＊IMU　　Inertial Measurement Unit の略。

　次に、自動運転車が行う「判断」としては出発地点から目的地点までの大局的な経路計画と、走行中の障害物や対向車を回避するための局所的な経路計画の2種類があります。大局的な経路計画はカーナビの経路誘導と同じものですからそれほど難しい技術ではありません。難易度が高いのは局所的な経路計画です。こちらは障害物や対向車との位置関係をコントロールしなければなりませんのでセンチメートルレベルの精密さが必要なのです。

　この局所的な経路計画で利用される経路生成法にも種類があり、その中で特に注目されている手法が深層強化学習による方法です。これは AI のところで説明した強化学習タイプの AI をさらに高度化したものです。深層強化学習の方法が導入された自動運転車は自ら試行錯誤を繰り返すことで運転能力を向上させていきます。このような方法が導入されたため、今後急速に人がまったく関与する必要のない**完全自動運転技術**が実用化に近づくだろうと考えられています。

完全自動運転車

無人で走行している
完全自動運転車が
目標です。

18 デジタル技術の概要を知る（VR／AR）

VR は自分の目の前にない光景をまるで現実に存在しているかのように体感させる技術で、AR は自分の目の前にある光景に別の映像や画像を重ねて表示させる技術

◆ VR・AR技術と行政サービス

DX で中心となるデジタル技術としてさらに理解しておきたいものに VR＊（仮想現実）・AR＊（拡張現実）技術があります。これらの技術は自治体の業務とまったく関係ないように思えるかもしれません。しかし、新型コロナウィルス感染症が長期化すると、非接触での社会生活の回復という方向性が真剣に模索されるようになります。その際の有効な手段として、これらの技術の利用が急速に住民の生活の場に広がっていくことが予想されるのです。そうなると、行政サービスにおいても何らかの対応を迫られることは避けられません。

そこで、まず VR・AR 技術について概要と活用可能性について見ていきましょう。VR とは、本当は自分の目の前にない光景をまるで現実に存在しているかのように体感させる技術です。その光景はまったく架空のものである場合もありますし、遠隔地の本物の光景のこともあります。従来はゲームで活用されてきましたので架空の光景を見せる用途が主でした。しかし、実用的な目的では遠隔地の本物の光景を表示させる用途がより重要になるでしょう。例えば、これまでは役所・役場の実際の窓口で行われてきた相談などが、VR を使って非接触かつ遠隔で実施できるようになるかもしれません。また、災害時に避難所を監視・管理するといった業務も、離れた役所・役場や自宅から速やかに対応することも可能となるでしょう。

＊**VR** Virtual Reality の略。
＊**AR** Augmented Reality の略。

　これに対してARとは、自分の目の前にある光景に別の映像や画像を重ねて表示させる技術です。こちらも従来はゲームで活用されてきたもので、例えばゲームアプリ「Pokémon GO」などが分かりやすい例です。この技術も実用的な目的で活用することが可能です。例えば、観光客向けの新サービスとして活用することや、高齢者の生活支援サービス、子ども向けの野外教育用途などでも活用可能です。

　従来、VR・AR技術を利用するためには重くて高額なヘッドマウントディスプレイ（**HMD**）が必要でした。このことが一般への普及の障壁となっている面は否定できません。しかし、装置の小型軽量化が進められており、さらにARに関しては**スマートグラス**という眼鏡のように軽く違和感の少ないものも開発されています。今後、DXを進める上でVR・AR技術は無視できないものとなることが予想されます。

ヘッドマウントディスプレイ(HMD)

ヘッドマウントディスプレイを装着した職員が役所から避難所の安全監視ができます。

19 解決策のアイディエーション（アイデアの創出と選択）

課題が明確化されデジタル技術のリサーチが進むと、これら2つの要素を足場として解決策のアイデアを考える段階、すなわちアイディエーションの段階に到達

◇ 多数の有望なアイデアを考え、大部分を捨てる！

DXプロジェクトで解決策のアイデアを検討する場合に足場となる要素は課題とデジタル技術の2つです。もちろん、課題を検討する過程で実はデジタル技術がなくても解決できることが判明する場合もあるでしょう。その場合は当然のことながら、無理にデジタル技術を利用する必要はなく通常のプロジェクトとして進めればよいわけです。

例えば、庁内の会議の議事録作成時間を短縮するという課題の解決策を検討していて、費用の面から議事録作成支援システムの導入は困難だと判明したとしましょう。その場合、課題の裏側にあるのが議事録作成担当者の負担感の解消だとすると、他の参加者にも作業を分担してもらうといったアナログな解決法も十分ありえます。だとすると普通の業務プロセス改善プロジェクトとして進めればよいだけです。この取り組みを無理に「DXプロジェクト」と呼ぶ必要はまったくありません。重要なことは課題の解決でありデジタル技術を使うことではありません。

さて、課題が明確化されデジタル技術のリサーチが進むと、これら2つの要素を足場として解決策のアイデアを考える段階、すなわち**アイディエーション**の段階になります。もっとも、アイデアは必ずしもこの段階に入ってから初めて考えるというものでもないのです。実際は、課題を明確化する途中やデジタル技術をリサーチする途中でも、よさそうなアイデアが浮かぶことがあります。そうしたアイデアも無駄ではなく、解決策を練り上げていく重要な土台となる発想ですのでメモを残しておくようにするとよいでしょう。

取り組んでいる課題の検討を通じて、いくつかのデジタル技術の活用によってうまく解決できそうだということが判明したとします。どのデジタル技術をどのように応用して課題の解決につなげるか、このあたりがアイデアの出しどころです。

　例えば、議事録作成の目的が「会議中のあらゆる発言をとにかく文章化しておくこと」にあるとすれば文字起こし作業は避けられません。その場合、デジタル技術を使うとすると議事録作成システムが一つの解決策となるでしょう。

　しかし、もし本当の目的が「必要となったときに即座に発言内容を確認できるようにしておくこと」だとすると別の解決策もありえます。例えば、音声編集ソフトを使って会議の録音データをそのままテーマごとに分割しネーミングして音声ファイルとして整理・保存しておくという解決策です。分割単位を小さくしておくと比較的短時間で内容確認でき意外と便利です。このように、**アイディエーション**＊の前半のステップはできるだけ多くのアイデアを創出する作業になります。ここで重要なことは選択の可能性の幅をできるだけ広げておくことです。

　多数の有望なアイデアを創出できたら、次のステップは創出されたアイデアの大多数を除外する作業です。つまり、せっかく考えたアイデアのほとんどを捨てるわけです。課題を明確化する過程で討議した内容やデジタル技術のリサーチを通じて得た知見などを駆使して、アイデアを振るい落としていきます。もちろん、費用面等からの絞り込みも必要でしょう。要するにアイデアの選択を行うわけで、これがアイディエーションの後半のステップになります。

アイディエーション

	やるべきこと	留意点
アイデアの創出	課題とデジタル技術の2つの要素を足場として解決策のアイデアを創出する。	有望なアイデアを多数創出し、選択の可能性の幅をできるだけ広げておくこと
アイデアの選択	創出されたアイデアの大多数を除外し、アイデアを選択する。	課題を明確化する過程で討議した内容やデジタル技術のリサーチを通じて得た知見などを駆使して、アイデアを振るい落とすこと

＊**アイディエーション**　アイデアを創出・選択するプロセスのこと。

成功するプロジェクトの進め方

解決策のアイディエーション（デジタル業務モデルの創出）

業務プロセス自体の根本的な作り変え作業が戦略的DXでは不可避的に発生するため、アイディエーション段階において「デジタル業務モデル」の創出作業が必要

◇ デジタル業務モデルとは何か？

　　戦略的DXプロジェクトの場合も解決策のアイデアを検討する場合に足場となる要素は課題とデジタル技術の2つであり、カイゼンDXプロジェクトと変わりはありません。違いは課題の内容にあります。戦略的DXの対象となる課題では外部環境の大きな変化に適応する必要があります。適応するためには従来の業務プロセスのままでは不可能であり、業務プロセスそのものを別のものに取り換えるというドラスティックな変革が避けられません。

　　要するに、業務プロセス自体の根本的な作り変え作業が戦略的DXでは不可避的に発生することになるわけです。しかも、新しい業務プロセスはデジタル技術を活用したものに生まれ変わります。そこで、戦略的DXプロジェクトではアイディエーション段階において「**デジタル業務モデル**」の創出作業が追加されます。

　　では、デジタル業務モデルとはどんなものでしょうか。わかりやすい例を民間ビジネスから拾ってみると「Uber EATS」という**フードデリバリーサービス***があります。食事の配達を依頼する利用者も配達の担当者も食事を提供するレストランもスマートフォン等があれば対応できる便利な仕組みです。このようなフードデリバリーサービスの仕組みの背後には高度なルート最適化とマッチング*最適化というデジタル技術が活用されています。デジタル技術を中核としてビジネスモデル、すなわち業務モデルが組み立てられているわけです。そこで、このような業務の仕組みのことをデジタル業務モデルといいます。

***フードデリバリーサービス**　スマホアプリなどで注文した食事を自宅などまで配達してもらうサービス。
***マッチング**　複数の異なったものを組み合わせること。

　行政サービスにおいても戦略的 DX プロジェクトを進めるためには、同様にデジタル業務モデルを創出する必要があります。例えば、「住民が手続きのために来庁する必要を一切なくすこと」という課題を解決するためには庁内の業務プロセス全体を根底から刷新する必要があります。その場合、新しく創出される業務プロセスはデジタル技術を基盤とするデジタル業務モデルとなります。おそらく創出されるデジタル業務モデルは、安全面の確保を前提とした高度な **AI 予測システム**を組み込むことにより、ほとんどの手続きが住民からの個別の申請がなくても処理されるようなものになるかもしれません。

デジタル業務モデル

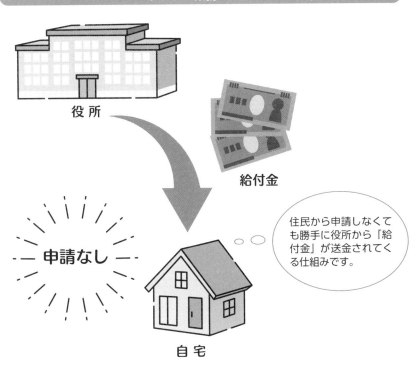

役所

給付金

申請なし

自宅

住民から申請しなくても勝手に役所から「給付金」が送金されてくる仕組みです。

㉑ プロトタイピング（構築）

プロトタイピングは、解決策のアイデアを何らかの試作品にして実際の利用者にテストしてもらい、修正を繰り返すことで成功確率を高める活動のこと

◆ まずプロトタイプを構築する！

アイディエーションによって創出・選択された解決策のアイデアはもしかしたら利用者にまったく受け入れてもらえないかもしれません。あるいは、そのままでは利用者が使いづらいものになっているかもしれません。DX プロジェクトのアイディエーション段階で作り上げてきたものは現時点では仮の解決策にすぎず、失敗するリスクが高いかもしれないのです。

そこで重要なことは、できるだけ早期に実際の利用者に使ってもらい、利用者の反応から修正点を見つけ出して作り直す作業を行うことです。しかし、最終的な完成品が出来上がってから利用者の反応をテストすると、その完成品の評判がさんざんでまったく利用者の支持を得られなかった場合、取り返しがつきません。小さな修正で対応できればいいのですが、根本的に設計のやり直しが必要だとするとコストや時間の無駄が大きすぎるからです。

こうした無駄やリスクを回避するためには、最終的な完成品ではなく試作品を早期に作ってみて、こちらで利用者の反応をテストするという方法が合理的です。このように、解決策のアイデアを何らかの試作品にして実際の利用者にテストしてもらい、修正を繰り返すことで成功確率を高める活動をプロトタイピングといいます。この手間をかけることで最終的な失敗のリスクをできるだけ低下させ、DX プロジェクトの成功確率を高めることが可能となります。

解決策のアイデアを仮に表現する試作品をプロトタイプといいます。最終的な完成品ではなく、あくまで利用者の反応を引き出し修正点を見つけるためのものですから、単に紙に絵を描いてイメージを伝えるものでも構いません。**モックアップ**＊といって、見た目をそっくりにした模型を作って

＊**モックアップ**　見た目を完成品そっくりに似せて作った模型のこと。

利用者に見せることもあります。例えば、申請用のウェブサイトを構築する場合に、見た目だけ本物そっくりで実際はボタンをクリックしても反応しないものを作って印象を聞いたりするような使い方をします。

　アイディエーション段階で作り上げてきた解決策のアイデアについては、いきなり最終的な完成品の作成に着手せず、かならず**プロトタイプ**を作ってみて利用者の反応をテストすることが重要です。

スマホ画面のモックアップ

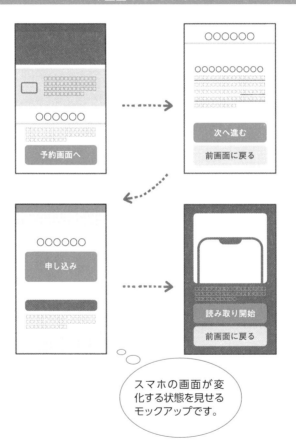

予約画面へ

○○○○○○

次へ進む

前画面に戻る

○○○○○○

申し込み

読み取り開始

前画面に戻る

スマホの画面が変化する状態を見せるモックアップです。

㉒ プロトタイピング（計測）

利用者にテストしてもらうことの狙いは「計測」であり、利用者の行動は正直な評価
を示すことが多いので行動についても見逃さずに情報を得ることが重要

◆ テストの目的は新たな問題点の発見

　プロトタイピング＊とは、アイディエーションによって創出・選択され
た解決策のアイデアについてプロトタイプを作り、実際の利用者にテスト
してもらい、修正を繰り返す活動を行うことです。そこで、プロトタイプ
を構築したら利用者にテストしてもらう必要があります。この場合の利用
者とは、そのアイデアの完成品が出来上がった場合に実際に利用すること
になる人々です。ですから、**DX プロジェクト**の目的が庁内の業務プロセ
スの効率化であれば、その業務プロセスを使って実際に業務を行っている
職員にお願いします。また、窓口のプロセスの改善であれば、できるだけ
実際の利用者である住民に依頼するのが理想的です。もし、難しければ、
知り合いや窓口のプロセスに慣れていない職員にお願いする方法もありま
す。

　利用者にテストしてもらう目的は問題点を把握するためです。ここで注
意が必要なのは、単純に利用者に感想を聞くだけでなく、利用者がどのよ
うにプロトタイプを使ったか、使う際にどんなところに戸惑っていたかな
ど、利用者の行動をよく観察することが重要だという点です。言葉だけで
なく利用者の反応からも有益な情報が得られるからです。むしろ利用者は
言葉では中立的または好意的な感想を述べる傾向があります。しかし、利
用者の行動は正直な評価を示すことが多いので、行動についても見逃さず
にしっかりと情報を得るようにします。その意味で、ここで行っているの
は単なる感想集めではなく「計測」であることを理解する必要があります。

　さらに、プロトタイピングが必要となる理由をよく理解しておくことも
重要です。プロジェクトメンバーは解決策のアイデアにどんな問題点があ

＊**プロトタイピング**　プロトタイプを作り、実際の利用者にテストしてもらい、修正を繰り返す活動を行うこと。

るのか実はよくわかっていません。だからこそ利用者にテストしてもらうはずです。つまり、あらかじめわかっている問題点を利用者にテストしてもらって確認するわけではないのです。むしろ、何が問題点がわからない状態で利用者から話を聞いたり、行動を観察したりして新たに問題点を発見していきます。

プロトタイピング「計測」のポイント

❶できるだけ実際の利用者にテストしてもらう。
❷単純に利用者の感想を聞くだけでなく行動をよく観察する。
❸プロトタイピングが必要な理由は新たな問題点を発見するためである。

コラム トゥールミン・ロジックで 場の空気を変えた実例

　第３章のセクション０２で取り上げた事例ではトゥールミン・ロジックが活用されています。この事例では最初、取り組みに消極的な姿勢を示す職員がいました。その時の場の空気は「新しいことを始めるのは手間を増やすだけだ。」というネガティブなものでした。これに対して、次のようなトゥールミン・ロジックで悪い雰囲気を打破したのです。「取り組みでは窓口サービスの向上だけでなく、業務の効率化も一緒にセットになっている。（根拠）」→「両方がセットになっているから結果的に職員の負担軽減にもつながる。（論拠）」→「だから、積極的に取り組んで行こう。（主張）」実に頑強なロジックが構築されているではありませんか！

143

㉓ プロトタイピング（学習）

プロトタイピングでは、利用者の反応から学んだ問題点を修正し、次のプロトタイプを構築して再度利用者にテストしてもらうという活動の繰り返しが必要

◆ プロブレムソリューションフィット

　プロトタイプを構築し利用者の反応を計測するのは、このプロセスを通じて最終的な完成品がどんな条件を備えていなければならないのかを学習するためです。ですから、プロトタイプの構築や計測は1回で終わりというわけにはいきません。利用者の反応から学んだ問題点を修正し、次のプロトタイプを構築して再度利用者にテストしてもらうという活動を繰り返す必要があります。

　計測によって情報が集まったら、その内容についてプロジェクトメンバーで話し合います。ここで議論すべきなのは「利用者の課題と解決策は判明しましたか？」という疑問が解消されているかどうかです。**プロブレムソリューションフィット***すなわち課題と解決策が適合しているかどうか様々な角度から検討します。

　単に解決策についてだけでなく、そもそも対象としている利用者にとって想定している課題は正しいのかという点も検討が必要です。もし課題そのものの捉え方が間違っているとかズレがあるといったことが判明した場合は、課題の明確化の作業からやり直す必要があります。改めて利用者に**インタビュー**や**エスノグラフィー**などのリサーチをやり直すのです。間違った課題を解決しても利用者には何の役に立たないからです。もちろん、課題が正しくても、それをプロトタイプがなんとか解決できているのかについてもさらに検討します。

　検討を通じてプロトタイプの問題点と修正点を明らかにしていきます。計測・検討によって学習できた成果はプロジェクトメンバーで共有し、全

***プロブレムソリューションフィット**　Problem/Solution Fit：課題と解決策の適合性の意。

員の認識を揃えるようにすることが重要です。また、計測・検討の結果、デジタル技術に関するリサーチが足りていないと判断される場合は、必要なリサーチを追加で実施します。もちろん、この段階で外部人材の活用やベンダーへの協力要請など必要であれば検討します。

　プロトタイピングによって理解できた問題点に関する修正を加えたプロトタイプを再構築します。そして、改めて利用者にテストしてもらいます。このような作業は「利用者の課題と解決策は判明しましたか？」という疑問が完全に解消するまで繰り返す必要があります。

プロブレムソリューションフィット

利用者の課題と解決策は
判明しましたか？

プロジェクトメンバーによるプロブレムソリューションフィットについて確認します。

デジタル技術の導入または開発

システム開発会社に一から構築を依頼する方法、SaaS、ノーコード開発ツールを使って庁内で開発する方法などが解決策（ソリューション）の調達方法の選択肢

✧ SaaS、アジャイル開発、ノーコード開発

　プロトタイピングにより解決策（ソリューション）がどんな条件を備えていなければならないのかが明確になります。そうすると次は条件を備えたソリューションの調達です。ソリューションについては以前はシステム開発会社に一から構築を依頼する方法が主流でした。しかし、今はベンダーがインターネット経由でサービスを提供する SaaS ＊という形態のものが増えています。SaaS だと庁内のハードウェアにインストールする手間もなく、低コストで導入できるので大変便利です。

　もちろん **SaaS** や**パッケージソフトウェア**がすべての解決策をカバーしているわけではありませんから内容によっては開発が必要となることもあります。その場合、DX プロジェクトではアジャイル開発の手法が考え方としてマッチしています。アジャイル開発とは、最初の段階でシステムの厳密な仕様を決めてしまわず、開発の途中で変更することをあらかじめ想定して取り組むやり方です。そこで、リーン・スタートアップの考え方と類似性があります。また、デザイン思考の発想とも近いため、DX プロジェクトではアジャイル開発の手法で取り組むことが理想的です。もっとも、自治体における開発では、あらかじめつくるべきものが明確に決められていて、それを入札によって発注するという調達制度が基本となっています。そのためアジャイル開発の手法で取り組むことには障壁があるのも事実です。

　もし、庁内にシステム開発の経験がある**スペシャリスト人材**がいて自前で開発できるならアジャイル開発の手法も採用しやすいかもしれません。しかし、自治体でそうした人材を抱えているところは少なく、仮に優秀な人材がいたとしても異動が頻繁に行われるため専門性を活かしきれない面があります。実は今、こうした状況を打破できる技術革新が進んでいます。

＊**SaaS**　Software as a Service の略。

それが**ノーコード開発**あるいは**ローコード開発**です。ノーコード開発とは従来必要だったプログラミングという作業が不要な開発方法であり、ローコード開発もプログラミング作業が可能な限り少なくて済む開発方法です。

　実際にノーコード開発を行う際には専用のノーコード開発ツールを使用します。例えばアプリを開発する場合でもプログラミングを一切行わず、必要なパーツを画面の中に自由に配置していけば開発できてしまう仕組みです。こうした新しい開発方法がさらに進化すれば、プログラミングの知識がまったくない自治体の職員でも必要なソリューションをいつでも自由に開発することができるようになるかもしれません。

ノーコード開発ツールのイメージ

テキストボックスやラベルなどのパーツをドラッグ＆ドロップでスマホ画面に配置します。

㉕ ソリューションユーザーフィット

開発した解決策が現実の利用者である多数の住民や職員の困りごとを実際に解決できるかどうか測定する目的のための判断基準がソリューションユーザーフィット

◆ 利用者にとって必要なものは作れましたか？

　DX プロジェクトは解決策を導入して終わりではありません。自治体 DX プロジェクトの目的は住民や職員という利用者の不満、不便、不都合、負担といった困りごとを実際に解決することです。そこで、プロブレムソリューションフィットの達成、すなわち利用者の課題が明確化でき、その課題に適合した解決策が開発できたとしてもそれで完了とはなりません。

　ここで注意が必要なことは、これまで DX プロジェクトで「利用者」として扱ってきた対象は利用者の集団全体ではなく、あくまで利用者集団の一部にすぎないということです。インタビューやエスノグラフィーの対象とした住民や職員は全体のごく一部にすぎません。そうした一部の利用者にとって適切な解決策であったとしても、実際の利用者全体にとって適切かどうかはまだわからないのです。

　開発した解決策が現実の利用者である多数の住民や職員の困りごとを実際に解決でき、喜んで使ってもらえるかどうか測定する必要があります。このような目的のための判断基準が**ソリューションユーザーフィット** ＊です。具体的には「利用者にとって必要なものは作れましたか？」という疑問を解消できるかどうかで判断します。

　ちなみに、この判断基準のもとになっている発想は米国のソフトウェア開発者であるマーク・アンドリーセン＊の「**プロダクトマーケットフィット** ＊です。プロダクトマーケットフィットはビジネスの世界での判断基準

＊**ソリューションユーザーフィット**　Solution/User Fit：解決策と利用者の適合性の意。
＊**マーク・アンドリーセン**　ウェブブラウザを開発した米国のソフトウェア開発者。
＊**プロダクトマーケットフィット**　Product/Market Fit：製品と市場の適合性の意。

ですので、自社の製品を必要としてくれる顧客が十分に見つかったかどう
かを重視します。しかし、自治体 DX では実際の利用者が解決策を必要と
してくれるかどうかが重要なので、解決策と利用者が適合しているかどう
かを測定するわけです。

　ソリューションユーザーフィットの測定方法としては、アンケートやイ
ンタビューなど多様な方法があります。また、解決策が IT サービスであ
ればユーザーの行動履歴から推測することも可能です。特にアンケートで
は **NPS**®（Net Promoter Score：ネットプロモータースコア）と呼ばれ
ている測定方法が有効です。これは、使用した製品やサービスを友人等に
薦める強さのレベルを聞くもので、製品やサービスに対する顧客ロイヤル
ティを測定することができます。自治体 DX では、解決策に対する利用者
の支持や信頼の程度を測定することになります。

　もちろん、ソリューションユーザーフィットでは測定するだけでなく、
明らかになった問題点について改善を行うことが重要です。進め方として
は PDCA で継続的に改善する方法が有効ですので、次のセクション 26 で
詳しく見ていきましょう。

2つの判断基準の測定内容

判断基準	測定内容
プロブレムソリューションフィット	利用者の課題が明確化でき、その課題に適合した解決策が開発できたか。
ソリューションユーザーフィット	開発した解決策が現実の利用者である多数の住民や職員の困りごとを実際に解決でき、喜んで使ってもらえるかどうか。

PDCAで継続的に改善する

PDCAとは、計画、実行、評価、改善のサイクルを回すことで改善活動を促進する手法であり、解決策を導入した後に継続的に行われる改善活動においては有効

◇ PDCAサイクル

　解決策が導入され利用者が実際に使い始めると、次にやるべきことはソリューションユーザーフィットが達成されているかどうかの計測と改善です。アンケートやインタビューなどの方法で問題点を発見し、改善するという活動を継続的に行うことが必要です。こうした継続的な改善活動を促進するものとして **PDCA** *という手法があります。

　PDCA とは、Plan（計画）、Do（実行）、Check（評価）、Act（改善）の4つの言葉の頭文字をつなげたものです。Plan（計画）とは、何らかの目標を設定し、その目標を達成するための計画を立案することです。例えば、「スマートフォンによる申請サービスの利用者を〇％増加させる。」といった目標と、そのための方策としてどんな広報活動を行うかといったことを計画します。次に、その計画を実行するDo（実行）のステップです。このステップでは計画に従って実行し、その記録を残すようにします。そして、Check（評価）のステップで目標の達成具合と、新たな問題点の洗い出しを行います。例えば、「まだ広報活動が十分ではなく、スマートフォンによる申請サービスが利用できるようになったことを住民の大部分が知らない。」という問題点が明らかになったとします。このようにして明らかになった問題点をAct（改善）のステップで検討し改善策を定めるわけです。こうした活動を順番に実行することで、業務を継続的に改善していきます。1回転して終わりではなく、何度も繰り返し順番に実行しますのでPDCAサイクルともいいます。

---

*PDCA　Plan（計画）、Do（実行）、Check（評価）、Act（改善）の4つの言葉の頭文字をつなげたもの。

DXプロジェクトは「事前にある程度わかっていることを推し進める。」取り組みとは異なり、「わからないことを探索する。」取り組みである点に特殊性があります。そこで、DXプロジェクトそのものにPDCAを適用できないことは当然です。しかし、解決策を導入した後に継続的に行われる改善のプロセスにおいては有効に活用できるでしょう。

ただし、もし、Check（評価）のステップで判明した問題点の内容が単なる改善レベルで対処できるものではないとしたら話は違ってきます。場合によっては解決策の根本的な作り直しが必要なのかもしれないからです。こうした場合はPDCAという定常的な改善サイクルではなく、基本となるDXプロジェクトに立ち返って、改めて一から取り組むことが必要です。

PDCAサイクル

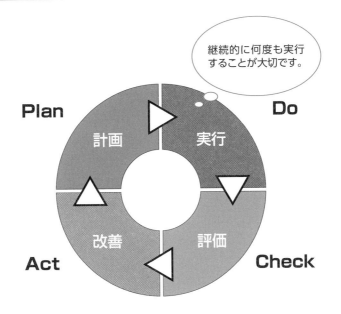

KPTでDXプロジェクトを振り返る

DX プロジェクトのように「わからないことを探索する。」取り組みの場合、コミュニケーション上のトラブルが発生しやすいので振り返りのツールである KPT が有用

◇KPTの有用性と利用上の注意点

KPT *とは「Keep」「Problem」「Try」の3つの言葉の頭文字をつなげたもので、振り返りのツールとして活用されています。使い方は、ホワイトボードなどを3つに区分し、それぞれに「Keep」「Problem」「Try」とタイトルを付けます。「Keep」のブロックには、うまくいっているのでこのまま継続することを書き出します。その際、色付きの付せんなどを使うとわかりやすいでしょう。「Problem」のブロックには、問題点を書き、「Try」のブロックには、解決のための取り組みを書きます。

このようなやり方をするのは、DX プロジェクトのように「わからないことを探索する。」取り組みの場合、コミュニケーション上のトラブルが発生しやすいからです。例えば、問題点に気付いていても他のメンバーに話す機会がなかったり、解決のためにやるべきことが全員に共有されなかったりすると大きなトラブルにつながってしまいます。そこで、頻繁な振り返りが必要とされる**アジャイル開発** *でよく活用されています。もちろん DX プロジェクトでも頻繁な振り返りは有用であり、そのツールとして KPT を活用することができます。

ただし、使い方については注意が必要です。漫然と利用すると単なるダメ出しになってしまう危険性があるからです。まず「Keep」ではしっかりとポジティブな要素を書き出すことが必要です。もしうまくいっている点がないならば、必要なことは振り返りではなく DX プロジェクトのやり直しのはずです。次に「Problem」ではプロジェクトチーム全体で共有する価値のある問題点を客観的に指摘することが大切です。そうでなければ単なるダメ出しで終わってしまいます。

＊**KPT** 「Keep」「Problem」「Try」の3つの言葉の頭文字をつなげたもの。

＊**アジャイル開発** 最初の段階でシステムの厳密な仕様を決めてしまわず、開発の途中で変更することをあらかじめ想定して取り組むやり方。

　最後の「Try」では、DX プロジェクトの進行段階に応じた適切な改善提案になるようにすることが必要です。つまり、DX プロジェクトがプロブレムソリューションフィットの達成を目指している段階ならば「利用者の課題と解決策は判明しましたか？」という疑問の解消に役立つ改善策を提案します。また、DX プロジェクトがソリューションユーザーフィットの達成を目指している段階になっていれば「利用者にとって必要なものは作れましたか？」という疑問の解消に役立つ改善策を考えるようにする必要があります。

KPT

問題点を可視化することが DX プロジェクトのステップのひとつです。

コラム フューチャープロトタイピングの実例

　フューチャープロトタイピングの進め方について具体的に説明します。まず第1に、リサーチによって技術の大きな変化の傾向を捉えます。例えば、リサーチによって完全自動運転 EV の実用化が間近に迫っていることを掴むわけです。実際、この分野では世界のメーカーが激しく先陣争いを繰り広げていて、その動向から目を離すことはできません。

　第2に、把握した技術の大きな変化の傾向から生活の場の変化を洞察します。ここでは、利用者のどのようなベネフィットが問題となるのか理解する必要があります。なお「ベネフィット」とは「顧客（利用者）が商品やサービスから得られる良い効果」という意味です。例えば、住民が新しい行政サービスによって手続きに必要な時間を短縮できるとすると、その新サービスにはベネフィットがあるということになります。完全自動運転 EV が実用化すれば高齢者などでも移動手段の選択肢が増えます。また、逆に自治体側にとっても職員が運転しなくても地域を巡回するサービスを提供することが可能となります。このように、完全自動運転 EV の実用化という技術の大きな変化によって、住民の生活や自治体職員の活動スタイルが大きく変化することが洞察できるわけです。

　このような洞察を前提として、第3に、技術と生活の場の変化によって登場する新しい解決策のプロトタイプを創出します。例えば、実用化した完全自動運転 EV を活用して住民にオンデマンドの巡回遠隔窓口サービスを提供することで手続きに必要な時間を短縮できる業務モデルのプロトタイプを創出するといったようなイメージです。なお、このサービスではテレプレゼンス型の遠隔操作ロボットも活用することを想定しています。テレプレゼンスとは、モニター画面やロボットを使って遠隔地にいても同じ場所で実際に対面しているかのような感覚を持たせる技術です。そこで、こうした技術を組み合わせて活用すると運転も窓口サービスも現場では無人で対応でき、職員は役所・役場にいながら遠隔地の住民に個別対応することが可能となるわけです。

5 DXの先の成長・戦略 デザイン

自治体を取り巻く環境は激動を続け、成長・戦略デザインを根底から
練り直すべき時期が近付きつつあります。この章では、外部環境の変
化に適応するための道筋を戦略的DXの考え方を交えながら見ていき
ます。

加速するデジタル技術の進化

デジタル技術は単に進化しているだけでなく進化のスピードが加速していて、さらに複数の技術のコンバージェンス（融合）により社会やビジネスに破壊的変化が発生

◇ 技術の変化に注目し続けよう！

　AI（人工知能）には深層生成モデルというタイプのものがあります。その一種の **GAN** *（敵対的生成ネットワーク）は不思議な能力を持っています。世の中に存在しない人物や物体の詳細な画像を創り出すことができるのです。GAN が生成した画像はまるで本物の人物の写真のように見え、本物か偽物かまったく区別がつきません。米国では、あたかも本物の人物が話をしているような偽の動画が作られ話題になりました。**ディープフェイク**という技術を使った動画であり、GAN の技術を応用したものです。

　このように、次から次へと新しいデジタル技術が登場し、これまでできなかったことができるようになっています。デジタル技術は単に進化しているだけでなく、進化のスピードが加速しているのです。さらに、デジタル技術は単に進化のスピードが加速しているだけなく、複数の技術の**コンバージェンス**（Convergence：融合）を発生させ、そのことによって社会やビジネスに破壊的変化を起こし始めています。

　例えば、VR 技術とロボティクスとの間で**コンバージェンス** *が起こると、新たな**テレオペレーション**技術が誕生します。これは新時代の遠隔操作とでも表現できるものであり、従来の技術とは比べ物にならない破壊力を持っています。具体的に説明すると、例えばオペレーターが日本時間の午前9時に北海道の自宅で VR 技術を使ったヘッドマウントディスプレイとロボット操縦システムを装着し操作を始めると、千葉の倉庫に置かれた専用ロボットがオペレーターの操作どおりに作業を開始します。現在開発が進んでいるこの種の遠隔操作ロボットは遠隔地からの操作であっても動作の遅れがほとんど発生しない技術が使用されているため、どこから操作しているのかを意識する必要がありません。

＊**GAN**　Generative Adversarial Network の略。
＊**コンバージェンス**　異なるものが融合すること。

　この技術がさらに進化するとこんなことも可能となるでしょう。例えば、日本時間の午後5時に北海道のオペレーターが作業を終了すると、引き続いてフランス在住のオペレーターが千葉の倉庫の作業を引き継ぎます。フランスは日本と8時間の時差があるため、現地時間では午前9時からの作業開始です。そしてフランスの現地時間が午後5時になったところで、今後はアメリカのデンバー在住のオペレーターが千葉の倉庫の作業を引き継ぎます。デンバーは日本と16時間の時差があり、デンバーとフランスの時差は8時間ですので、デンバー在住のオペレーターは現地時間で午前9時から千葉の倉庫の作業を引き継ぐことになります。このようにすると、千葉の倉庫の作業は24時間休むことなく行われていますが、人間の方は自分のいる土地の昼間、すなわち午前9時から午後5時の時間帯で仕事をすればよいということになるのです。

　このようにデジタル技術の進化は加速しており、さらに技術と技術のコンバージェンスもとどまることを知らず進行していきます。ですから、DXプロジェクトにおいても外部環境の大きな変化、特に技術の変化には注目し続けなければならないのです。

新たなテレオペレーション技術

現地時間　午前9時

現地時間　午前9時

24h

現地時間　午前9時

ポストコロナは「VR・ARとテレプレゼンス」で生活が激変

遠隔地にいても同じ場所で実際に対面しているかのような感覚を持たせるテレプレゼンス技術と VR・AR 技術が組み合わさると新しい行政サービスが生れる可能性大

◇ オンラインでのコミュニケーション

テレプレゼンス*（Telepresence）とは、遠隔地にいても同じ場所で実際に対面しているかのような感覚を持たせる技術です。新型コロナウィルス感染症の蔓延により対面での会議が難しくなったため**オンライン会議**が広く行われるようになりました。確かにオンライン会議でもお互いの顔を見ながら話しができるため、電話だけのコミュニケーションに比べて臨場感はアップしたといえます。しかし、小さな顔画像がパソコンのモニターの中に並んでいるだけという現状では、まだまだ対面でのリアルな会議に遠く及びません。そこで、テレプレゼンス技術が強く求められるようになっています。テレプレゼンス技術には、例えば等身大の人物が映し出されたモニターを通して会話ができるシステムや、分身の役割をするロボットを使って会話や働きかけができるものなど様々なタイプがあります。

このテレプレゼンス技術と **VR・AR** 技術を組み合わせることで従来なかったような行政サービスを生み出すこともできます。例えば、テレプレゼンス技術と VR 技術を組み合わせると、駅や観光スポットで観光客にまるで対面で観光案内をしているかのようなサービスが提供できます。また、分身ロボットを通じて高齢者の自宅に実際に訪問しているかのような雰囲気で相談を受けることも可能です。

さらに、セクション 01 の「加速するデジタル技術の進化」で説明したように、時差を活用した新しい行政サービスも可能です。例えば、現在、多くの自治体では出生や婚姻、死亡等、戸籍関係の届出を 24 時間受け付けています。対応するのは夜勤アルバイトの場合が多いかもしれませんが、いずれにしても健康への影響が心配される夜勤が発生してしまいます。

***テレプレゼンス**　遠隔地にいても同じ場所で実際に対面しているかのような感覚を持たせる技術

　そこで、テレプレゼンス技術とVR技術を組み合わせ、夜勤部分の対応をフランスやデンバー在住の日本語を話せる人に依頼するという方法です。フランス在住の人が日本時間の午後5時から午前1時まで、デンバー在住の人が午前1時から午前9時まで受付業務を担当すると、日本では午前9時から午後5時までの日勤で対応できるわけです。このシステムが実現すれば、出生や婚姻などに限らず、他の手続きや相談についても24時間窓口対応することが可能です。特に、人に対応してもらいたい、相談しながら手続きを進めたいという要望を持つ住民にとっては有益なサービスとなるでしょう。

　このように、新型コロナウィルス感染症の蔓延がきっかけで一般化したオンラインでのコミュニケーションは、ポストコロナでも新しい行政サービスを生み出すことで住民と自治体職員の生活を激変させていくことが予想されます。

遠隔操作の分身ロボットが行政サービスを変える！

ロボットで24時間の受付が可能になります。

ご結婚
おめでとう
ございます

コラム ニワトリの眼光は意外と鋭い！

⟩ ティラノサウルス・レックスとニワトリの関係

　幼少期に実家でニワトリを飼っていました。あるときニワトリの眼光が予想外に鋭いことに気付きギョッとしたことを覚えています。最近になって、ニワトリがティラノサウルス・レックスと極めて近い関係にあることが証明されたという科学記事を読んで、ひどく納得できた気になりました。

　そもそも、ティラノサウルス・レックスのような恐竜は今から6600万年前頃にメキシコのユカタン半島に衝突した巨大隕石の影響で絶滅したとされています。衝突により火災が発生し当時の森林は完全に壊滅しました。さらに、発生した大量のガスが太陽光を遮断したために地球は長期間寒冷化し、生物の約75%が絶滅しました。ところが、この大惨事にもかかわらず、実は恐竜の一部も生き延びていることが最近の研究で分かってきました。以前から、骨の形状の類似性などから鳥と恐竜が近い関係にあることが主張されていました。近年、そうした証拠に加えてティラノサウルス・レックスの化石から抽出されたタンパク質の研究によって鳥と恐竜が極めて近い関係にあることが分子的に証明されたのです。もっとも、恐竜時代の鳥の中でも空を飛んでいた樹上性の鳥は森林が壊滅したため絶滅したと考えられています。つまり、現在繁栄している鳥の祖先はニワトリやダチョウのような地上性の鳥でした。このような研究から、ニワトリという生き物は本当にティラノサウルス・レックスと極めて近い親戚だということがわかります。どうりで眼光が鋭いわけです。

　ティラノサウルス・レックスのような巨大で力強い地上の覇者が絶滅し、小柄で非力に見えるニワトリの祖先が生き残ったという事実は私たちに重要なことを教えています。それは、変化への適応こそが生き残りのカギだということです。巨大さや力の強さは外部環境の変化の前ではほとんど何の役にも立ちません。自治体であれ企業であれ、外部環境の大きな変化の中で生き残りたければ、変化の本質を捉えてそれに適応する努力をする他はないのです。

ポストコロナは「乗れる人工知能」で移動が激変

完全自動運転車は「動く人工知能」あるいは「乗れる人工知能」とでも呼ぶべきシロモノであり、人工知能にモーターやタイヤなどがついているというイメージ

◇ すべての人々の移動が自由になる！

　新型コロナウィルス感染症が日本でも広がり始めた頃、ニュースになっていたのはバスの運転手の感染でした。人が運転するしかない現在の自動車に複数人が乗車すると、感染の危険性は避けられません。特に長時間運転業務に従事する公共交通の運転手は感染の危険性が高くなります。こうした現実に後押しされるように、人が運転する必要のない**完全自動運転車**の開発が急速に推し進められています。

　自動運転車には自動化のレベルがあり、レベル２まではドライバーによる監視が必要です。レベル３になると条件付自動運転が可能で、システムがすべての運転を行いますが、非常時にはドライバーが対応する必要があります。レベル４では特定条件下における完全自動運転となり、例えば工場の敷地内など限定された地域での無人自動運転が可能です。そして、レベル５が**完全自動運転**で、システムが常時すべての運転を行います。

　現在、レベル５の完全自動運転を目指して熾烈な開発競争が行われています。この開発競争のカギとなるのが AI（人工知能）です。従来の自動車のイメージでは人工知能など関係なさそうに思えます。しかし、今や人工知能が完全自動運転車の実現を左右するようになっています。ここで活用されている人工知能は深層強化学習型のもので、人間と同じように試行錯誤しながら運転能力を向上させていきます。

　つまり、自動運転車、特に完全自動運転車は実は「動く人工知能」あるいは「乗れる人工知能」とでも呼ぶべきシロモノなのです。人工知能が主体で、それにモーターやタイヤなどがついているというイメージです。このように「乗れる人工知能」があちこちで動きだしますと、私たちの生活は一変します。もはや自動車を利用するのにドライバーは必要ありません。

そこで、高齢者や子どもであっても必要に応じて自由に完全自動運転車を利用して好きなところに出かけることができるようになります。さらに運転が不要なため自動車の用途が変化し、移動中に睡眠、食事、仕事、趣味と様々な活動が行えるようになります。新型コロナウィルス感染症が終息しない間は移動にも制限がかかるでしょうが、ポストコロナには「乗れる人工知能」で移動が激変し、住民や職員の生活も大きく変化するでしょう。

自動運転のレベル

レベル	内容	監視
レベル5	完全自動運転	システムによる監視
レベル4	特定条件下における完全自動運転	システムによる監視
レベル3	条件付自動運転	システムによる監視
レベル2	特定条件下での自動運転機能	ドライバーによる監視
レベル1	運転支援	ドライバーによる監視

注）「国道交通省　自動運転のレベル分けについて[*1]」をもとに作成

コラム　近づく完全自動運転車の実用化

　完全自動運転車の開発で重要な要素となるのが公道での実走行データ量です。そこで、この視点で世界の自動運転車開発メーカーを比較すると熾烈な競争の実態が見えてきます。ホンダが実走行データ量約130万kmを記録しているのに対して、ウェイモが約3,200万km、テスラが約48億kmです。走行データ量だけを見るとテスラはウェイモの約150倍、ホンダの約3,700倍となっており、過酷な競争が繰り広げられていることが垣間見えます。こうした現状から判断する限り、完全自動運転車の実用化はかなり近づいているといえるでしょう。

---

*1　出典：国土交通省ウェブサイト（https://www.mlit.go.jp/common/001226541.pdf）

ポストコロナは「デジタルツイン」で新たな都市づくり

リアルな世界で取得したデータをデジタル空間の中に再現する技術であるデジタルツインは、仮想の条件を与えてシミュレーションさせることで将来予測も可能

◈ 「次世代AI都市シミュレーター」が変える都市のあり方

　新型コロナウィルス感染症は人々の街中での行動を大きく変えつつあります。以前は都市計画において重要視されてきた「にぎわいのあるまちづくり」というコンセプトもポストコロナには無条件では掲げにくくなることが予測されます。長期化する新型コロナウィルス感染症の流行や次に襲来する新型の感染症に備えて、人流や密集を抑制する手段が都市計画においても組み込まれている必要があるからです。

　こうした文脈で注目される技術が「**デジタルツイン**＊」です。デジタルツインとはリアルな世界で取得したデータをデジタル空間の中に再現する技術であり、現実空間にある対象物とデジタル空間に再現した対象物がまるで双子のようにそっくりな姿をしていることから名づけられたものです。デジタルツインの用途は単にデジタル空間上に現実世界を再現しモニターできるようにするだけではありません。仮想の条件を与え、その場合にどうなるかシミュレーションを行い、対策を検討するといった用途でも利用できます。

　このような将来予測の用途でデジタルツインを活用することを目指す取り組みとして、小田急電鉄の海老名駅を中心としたエリアでは、東京大学、ソフトバンク株式会社、小田急電鉄株式会社、株式会社グリッドの4者が協力し、デジタルツインを活用した「次世代 AI 都市シミュレーター」の研究開発を行っています。

＊**デジタルツイン**　リアルな世界で取得したデータをデジタル空間の中に再現する技術。

具体的な内容は、海老名駅や周辺の**気象データ**、**人流データ**、**交通データ**、**購買データ**、**環境データ**などのリアルなデータ（統計データを用いて研究を実施予定）を使ってシミュレーションを行い、将来的に様々な街の課題解決に活用しようという取り組みです。デジタルツインによるシミュレーションを基に人々の行動変容を促す各種施策を実施することで、混雑緩和と購買促進の両立、交通の最適化、災害時の避難誘導などに役立つソリューションの開発を目指しています。

　中長期的には、「街の人口動態がどうなっていくのか。」「地価はどうなっていくのか。」「超高齢化が進む中で本当にこういう施設が必要なのか。」「どういう施設が必要になるのか。」といった将来予測にも活用され、従来なら考えられなかったような取り組みも可能になるかもしれません。今後、デジタルツイン技術の活用の広がりにより、これまで以上に快適で便利な都市へと変貌してくことが予想されます。

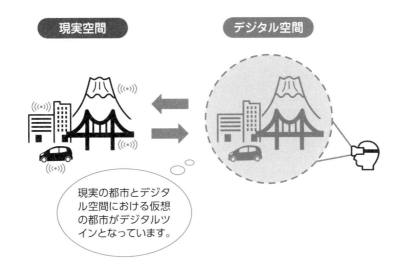

デジタルツイン

現実空間　　　　　　デジタル空間

現実の都市とデジタル空間における仮想の都市がデジタルツインとなっています。

DXの先の成長・戦略 デザイン

05 ポストコロナは住民の積極的な 行政への参加が加速

ポストコロナは進展したオンライン・コミュニケーションを活用しながら、また、完全自動運転車で高齢者も求められる場所に気軽に出かけたりしながら、行政に参加

◇ 住民がより積極的に行政に参加しやすくなる基盤

　新型コロナウィルス感染症の蔓延により対面での会議や面談が難しくなり、その影響はポストコロナでも残ると思われます。しかし、反面、新しいコミュニケーションの方法が広がり、進化し、使いやすくなっています。例えば、テレプレゼンス技術とVR・AR技術を組み合わせることで、新しい**オンライン・コミュニケーション**が次々と可能となっています。こうした変化は、一方では新しい行政サービスを生み出すとともに、他方では住民がより積極的に行政に参加しやすくなる基盤ともなることが予想されます。

　住民の行政への参加といった場合、これまでは自治体が政策を形成したり決定するプロセスへの住民の参加というイメージが強かったように思います。要するに住民からも意見を聞くということです。もちろん、その意味での行政への参加も重要であることは間違いありません。しかし、ここで取り上げたいのはそのような意味での行政への参加ではなく、むしろ、住民にも自治体のやるべき仕事の一部を分担してもらうという意味での参加です。

　今、日本の抱える最大の問題は、進行している少子高齢化です。これから急激に働き手が減少していきます。この問題は自治体職員についても同様で、今後人手不足が深刻化することは確実です。その結果、これまでのような手厚い行政サービスは難しくなるかもしれません。そこで、発想を変えて自治体の抱える多様な仕事を自治体職員だけに任せず、できるところは住民が自主的に肩代わりしていくという方向性も考えられるはずです。

このような変化を後押ししているのが、新型コロナウィルス感染症の蔓延をきっかけとしたデジタル技術の進歩と浸透です。オンライン・コミュニケーションがさらに進展すれば、自宅にいながら様々な会合に楽しく参加したり、まちづくりのお手伝いをしたりできるようになります。そして、ポストコロナにおいては進展したオンライン・コミュニケーションの手段を活用しながら、また、実用化した完全自動運転車で高齢者も求められる場所に気軽に出かけたりしながら、地域の役に立つことができるようになるでしょう。

デジタル技術の進化により住民の行動が変化！

高齢者が完全自動運転車で楽々と外出します。

コラム 適応テクノロジーとは何か？

　DX プロジェクトで用いられる「デザイン思考」「リーン・スタートアップ」という 2 つの手法の背後には共通するものがあります。それは、前例のない新しい事態に巧みに適応するために上手に試行錯誤を繰り返すという適応のためのテクノロジーであることです。具体的に見ていきましょう。まず、デザイン思考とは新しいものを創り出す際にデザイナーの世界で長年用いられてきたプロセスや技術を他の分野にも応用しようとする考え方です。デザイン思考ではリサーチ、アイデア出し、プロトタイプの作成、テストという一連の作業を繰り返しながら新しいものを創り出していきます。次がリーン・スタートアップです。スタートアップとは新たなビジネスを開拓し急激な成長を狙う企業のことをいいますから、どうしても前例のない新しい事態に適応していく必要があります。そのような目的のためのテクノロジーがリーン・スタートアップであり、適切な課題と解決策を最短距離で見つけ出すために意識的に試行錯誤を繰り返します。

　これらの手法はそれぞれ別物であり、具体的な進め方には違いがあります。しかし、背後にある考え方には共通するものがあるのです。それは、事前に全体像が分かっていない状態において、何とか手探りで仕事を前に進めるための考え方であることです。丘の上から明るい日の光に照らされた地形を一望しながら、目的地へのルートを確認することは実に容易です。しかし、真っ暗な闇夜に深い森の中で道に迷いながら、それでも目的地へたどり着こうとする試みは大変な困難を伴います。デザイン思考はデザイナーたちが、リーン・スタートアップは起業家たちが、それぞれ真っ暗な夜の闇の中を手探りで何とか前に進むために作り上げてきたテクノロジーだといえます。ですから、これらの適応テクノロジーは現代のように先行き不透明な時代にこそ真価を発揮するのです。ぜひ、適応テクノロジーの活用スキルをマスターして DX プロジェクトを効果的に前に進めていきましょう。

06 SDGsで「持続可能なまちづくり」を推進

持続可能なまちづくりのモデルとなる「SDGs 未来都市」に選定された富山市は、現在「第2次富山市 SDGs 未来都市計画」を策定し、SDGs を推進中

◇ SDGsの理念を地域課題の解決促進に活用

　近年、激しい風水害が多発するようになりました。急速に地球の環境が悪化していることが誰の目にも明らかになりつつあります。もちろん、気候変動だけでなく貧困や教育など解決すべき問題が世界には山積みです。こうした問題を解決するために 2030 年までに達成すべきとされる目標が **SDGs** * (Sustainable Development Goals:持続可能な開発目標) です。SDGs には「気候変動に具体的な対策を (目標 13)」といった 17 の目標と、より具体化された 169 のターゲットが設定されています。

　政府は SDGs の理念を地域課題の解決促進に活用するため、優れた SDGs の取り組みを進める自治体を「SDGs 未来都市」として選定し、持続可能なまちづくりのモデルとしています。この「SDGs 未来都市」に選定された富山市は、さらに「**SDGs 未来都市**」の中でも特に先導的な取り組みとして「自治体 SDGs モデル事業」にも選定されています。

　富山市では、もともと「コンパクトなまちづくり (コンパクトシティ)」という取り組みを行っていました。この取り組みを一言で説明すると「串と団子」です。串が公共交通、団子がそれぞれの地域を表します。団子のように複数の公共交通の駅や停留所から徒歩圏内にコンパクトに都市機能を集積させ、それぞれを公共交通が串のようにつないでいるイメージです。

＊**SDG s**　Sustainable Development Goals の略。

　コンパクトなまちづくりには3本の柱があります。第1が公共交通の活性化、第2が団子の中への居住の推進、第3が中心市街地自体の魅力の活性化です。例えば、第1の公共交通の活性化は、できるだけ公共交通の利用を促進することで環境に貢献し、気候変動及びその影響を軽減するための取り組みにもなっています。こうした取り組みを進めていたことが「SDGs 未来都市」選定の土台となりました。

　具体的には「富山市 SDGs 未来都市計画」を策定し、SDGs を推進しています。この計画には、今後同市が取り組むべき課題が、①都市のかたち、②市民生活、③エネルギー、④産業、⑤都市・地域の5つの観点から整理されています。例えば、①都市のかたちに関する課題の一つとして「公共交通を軸とした拠点集中型のコンパクトなまちづくり」が挙げられていて、従来から取り組んできた「コンパクトなまちづくり」をさらに新しい時代に相応しいものにレベルアップしようとしています。

「第2次 富山市ＳＤＧｓ未来都市計画」の表紙

都市の理想を、富山から。

富山市の未来戦略をイメージできるデザインです。

SDGs 未来都市
TOYAMA

第2次 富山市SDGs未来都市計画
コンパクトシティ戦略による持続可能な付加価値創造都市の実現

SDGsの視点で地域課題を捉えなおす！

各自治体には地域課題の解決のために従来から工夫してきた取り組みがあるはずであり、そうした取り組みを SDGs の視点で捉えなおすことがスタートライン

◇ SDGsに取り組む場合、まず何から始めればよいか？

　自治体が SDGs に取り組む場合、まず何から始めればよいのでしょうか。もちろん、自治体ごとに地域の課題や現実がありますから、一概にこれをやればよいというものはありません。しかし、「SDGs 未来都市」に選定された富山市の事例からは、この点に関して重要な視点を学ぶことができます。

　実は、富山市は SDGs の取り組みをまったくのゼロからスタートしたわけではありません。もともと富山市では将来の課題解決のために何をしていかなければならないかを考え、コンパクトなまちづくり（**コンパクトシティ**）戦略を進めていました。その取り組みは、例えば公共交通を見直すことにより効率的なまちづくりを実現していくものですが、それは同時に自動車の利用を減少させる可能性を作り出すことで環境にも好影響を与えるものでもあったのです。富山市は、このように従来から実施してきた取り組みを SDGs の視点で捉えなおすことで新たな光を当て、解決策を探っていこうとしているわけです。

　こうした進め方は他の自治体でも十分に可能です。なぜなら、それぞれの自治体には地域課題の解決のために従来から工夫してきた取り組みがあるはずだからです。要は、そうした取り組みを SDGs の視点に落とし込んで、将来に向けた解決策を探していけばいいのです。

　もちろん、従来の取り組みを「SDGs の視点で捉えなおす」ためには、前提として「**SDGs の視点**」が身についている必要があります。

　そこで、様々な方法で SDGs を学習する機会を作り出すとよいでしょう。富山市でも、職員研修に SDGs を学ぶプランを組み込み、例えば新採職員や管理職になるタイミングで SDGs について知ってもらうなど、様々な機会を設けたといいます。その際に重要なのは、SDGs の 17 ある目標のひとつひとつが別々に存在しているのではなく、相互に密接にかかわりあっていることを理解することです。このように深く理解することができれば、業務の中でも「どのゴールにつながるのか？」などと考えをめぐらせながら SDGs の取り組みを進めることが可能となるでしょう。

富山市の目指す都市創造のスパイラルアップ

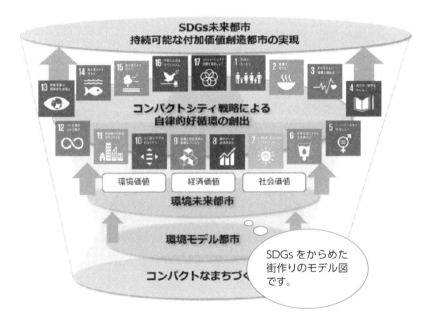

SDGs をからめた街作りのモデル図です。

自治体が激変する環境に適応するための成長・戦略デザイン

自治体を取り巻く外部環境、すなわち住民の生活の場と技術の激変にどうやって適応するのか、その成長・戦略デザインを根底から練り直すべき時期が切迫

◇ 自治体は何から手を付けるべきか？

　　自治体を取り巻く環境は激動を続けています。激動しているのは外部環境、すなわち住民の生活の場と技術です。この場合、カギとなるのは技術における変化であり、特にデジタル技術を中心とした各種の技術の進化が加速しています。それだけでなく、加速的に進化する技術が他の技術との間で**コンバージェンス**（融合）を発生させ、驚くべき速度で住民の生活の場を変化させようとしています。これらの変化は現在はまだ表面になかなか現れてきていませんが、もうしばらくすると誰の目にも明らかになってきます。そこで、自治体としても激変する環境にどうやって適応するのか、その成長・戦略デザインを根底から練り直すべき時期が近付きつつあります。

　　では、自治体は何から手を付けるべきでしょうか。ここで有効となるものが戦略的DXの考え方です。**戦略的DX**では外部環境の変化、すなわち住民の生活の場と技術における大きな変化にまず着目します。二つの要素の中でも特に技術の大きな変化が重要です。加速する技術の進化の実相を理解するようにします。ここでは特定の技術に絞らず、またあまり深入りすることは避け、できるだけ広範囲に技術進化の状態を捉えることが大切です。

　　次に、進化した技術によって住民の生活の場がどう変化するか予測します。例えばスマートフォンの普及が住民の日常生活を大きく変化させたように、カギとなる技術の変化は必ず住民の生活の場の様相を一変させるはずです。この変化を事前に予測する必要があります。住民の生活の場が変化すると、そこで生活する住民の**潜在ニーズ**（不満・負担感）が変化します。そして、住民の潜在ニーズの変化は住民にとって解決してほしい課題を変化させるのです。

この新たな課題を捉えることができたら、次に課題の解決策を創出・選択します。なお、戦略的DXでは、外部環境の大きな変化に適応するために従来の業務プロセスを改革し、まったく別のものに取り換える作業を行います。そこで、解決策には**デジタル業務モデル**も含まれ、取り組みの重要な部分としてデジタル業務モデルの創出作業を実施します。あとは適切な解決策を実装し、住民の課題を解決するだけです。

　なお、ここでは住民にフォーカスして説明してきましたが、もちろん、自治体の業務プロセスの利用者である職員についても潜在ニーズの変化に対応する必要があります。住民の場合と同じように課題の明確化と解決策の創出・選択などを進めていきます。

戦略的DXによる成長・戦略デザインの進め方

```
技術の大きな変化を捉える
        ↓
住民の生活の場がどう変化するか予測
        ↓
住民の潜在ニーズの変化を予測
        ↓
住民の課題の変化を予測
        ↓
解決策（デジタル業務モデル含む）の創出・選択
        ↓
解決策の実装
        ↓
住民の課題を解決
```

コラム テクノロジーベネフィットギャップ

　適応テクノロジーの活用スキルにおいて中心となる概念が「テクノロジーベネフィットギャップ」です。これは、従来のテクノロジーによる解決策で得られるベネフィットと、新しいテクノロジーによる解決策によって得られるベネフィットの隔たり（ギャップ）のことを意味します。テクノロジーベネフィットギャップが重要なのは、人々の近未来における不満、不便、不都合、負担といった未来の潜在ニーズを洞察するための手がかりとなるものだからです。それだけでなく、新しいテクノロジーによる解決策がどれくらい画期的なものとなるか予測できるツールともなります。

　分かりやすいように、コラム「もっと速い馬」で取り上げたガソリン自動車を例にして説明します。19世紀の中頃において、従来のテクノロジーによって「もっと速い馬」という課題を解決しようとすると、馬の品種改良という技術によって少しだけ速く走れるようになった馬が解決策になってしまいます。そのもたらすベネフィットは「ほんの少しだけ速く移動できる」という程度のものにすぎません。こちらが「従来のテクノロジーによる解決策で得られるベネフィット」です。

　これに対して、当時新しく登場しつつあったテクノロジーを最大限活用すれば、都市部でも軽快かつ高速に走行できるガソリン自動車を解決策にできる可能性が生じていたのです。結果として新しいテクノロジーによって得られるベネフィットは「これまで経験したことのない速さで都市部を移動できる」という大きなものでした。これが「新しいテクノロジーによる解決策によって得られるベネフィット」になります。

　この2つのベネフィットの間のギャップが大きければ大きいほど、画期的な解決策となります。事実、ガソリン自動車は都市部の移動手段として画期的な解決手段となり、わずかな年数で都市部から馬車を駆逐してしまいました。このように、新旧のテクノロジーによる解決策によって得られるベネフィットの差に着目することで、進むべき方向性を見出していきます。

索引

は行

た・な行

ま・や・ら・わ行

●著者紹介

株式会社NX総合研究所

AI/DX戦略コンサルタント

宮里隆司（みやざと・たかし）

九州大卒。1980年、日揮入社。2002年、ユーキャン入社。12年、脳機能分野のIT開発スタートアップを起業。16年、日通総合研究所（現NX総合研究所）入社。人材開発部門、テクノロジー部門を経て19年、AI/DXコンサルティング部門の立ち上げに伴いAI/DX戦略を担当。企業や各種団体向けにDXセミナーを多数実施。LOGI-BIZ 2021年11月号に脱炭素とDXに関する論考が掲載された。

●イラスト

近藤妙子（nacell）

●協力

株式会社Jディスカヴァー

改革・改善のための戦略デザイン
自治体DX

発行日	2021年12月15日	第1版第1刷
	2023年 5月20日	第1版第2刷

著　者　宮里　隆司

発行者　斉藤　和邦

発行所　株式会社　秀和システム
　　　　〒135-0016
　　　　東京都江東区東陽2-4-2　新宮ビル2F
　　　　Tel 03-6264-3105（販売）Fax 03-6264-3094

印刷所　三松堂印刷株式会社

ISBN978-4-7980-6578-6 C0034